奢华之色

——宋元明金银器研究

扬之水 著

卷一 宋元金银首饰

中华书局

图书在版编目（CIP）数据

奢华之色：宋元明金银器研究．第一卷，宋元金银首饰／
扬之水著．－北京：中华书局，2010.4（2022.5 重印）
ISBN 978-7-101-07334-8

Ⅰ．奢… Ⅱ．扬… Ⅲ．①金银饰品－研究－中国－宋代
②金银饰品－研究－中国－元代 Ⅳ．K876.434

中国版本图书馆 CIP 数据核字（2010）第 047780 号

书　　名	奢华之色——宋元明金银器研究	
	第一卷　宋元金银首饰	
著　　者	扬之水	
责任编辑	王　楠	
装帧设计	丰　雷	
出版发行	中华书局	
	（北京市丰台区太平桥西里 38 号　100073）	
	http：//www.zhbc.com.cn	
	E-mail：zhbc@zhbc.com.cn	
印　　刷	天津图文方嘉印刷有限公司	
版　　次	2010 年 4 月第 1 版　2018 年 11 月第 2 版	
	2022 年 5 月第 7 次印刷	
规　　格	开本 /787×1092 毫米　1/16	
	印张 17　字数 150 千字	
印　　数	19001-22000 册	
国际书号	ISBN 978-7-101-07334-8	
定　　价	146.00 元	

目　次

序

齐东方

　　一位现代经济学家曾说，经济处于衰退或繁荣的阶段，看女人穿的裙子长短就能判断出来。他通过对上世纪五十年代、六十年代、七十年代女人裙子的比较，发现了与世界经济的兴衰合拍。的确，历代女性的穿着打扮都反映社会面貌，其中首饰是女性珍贵的奢侈品，满足了女性为美色添彩的需求和渴望，也反映着社会的审美时尚和经济兴衰。不过，以往对古代金银首饰的研究曾受到冷落，原因倒不复杂，考古发现报道简略，没有清晰的照片和准确的线图，人们又少有机会目睹分散在各个博物馆的实物，这些遗憾令研究者望而却步。

　　近年印刷出版迅速发展，高质量的图片越来越多，如果对以往的发现稍加关注，会吃惊地感到首饰的出土竟然如此之多，如此精美。扬之水学思敏锐，抓住契机，终于掌握了大量资料，然后一头扎进，乐此不疲，走进了这个几尽荒芜的研究领域。令人钦佩的是，这些资料的获得，不仅着眼书刊的公布，更有走访大量博物馆，对尚未发表的藏品重新进行了学术发掘，由于亲眼观察、亲手触摸实物，体会自然不同。于是，她的篇篇小品妙文逐渐出现了，这是很多读者会注意到的。作为学友，我知道那不过是她的个案、个例的研究心得，总有一天会"零件具备，大器合成"，如今，令人刮目相看的专著果然脱颖而出。

　　首饰没有大件，但并非没有大的研究意义。作为特别种类的文物，其特点大约是：一，与人贴身相伴，衬托人的高贵。二，小巧玲珑，制作凝聚了高妙的技艺。三，力求华丽，装饰功能极强。这使首饰成为标志身分、展示技艺、炫耀美丽的象征，直接反映了人和社会的精神面貌，如果说方寸之间，气象万千，似乎并不为过。首饰与人零距离接触，从古至今备受追捧。到了宋元，正史笔记、诗文小说、戏曲杂记涉及的首饰更加多了起来，而且描绘得天花乱坠。但纸面上的鲜活，终究是浪漫的形容、隐喻的暗示，有时反而把原本的复杂又涂上一层迷雾。历史尘埃掩埋的实物因考古而发现，一目了然的首饰使人看到了本来的真实。当然真要说得清楚并非易事，考古资料丰富是条件，文献功底扎实是基础，勤奋热情不可缺少，坚持不懈更是难得，扬之水具备了这些，没有建树也难。

　　说到这本书最大的贡献，大约是对宋元时期首饰进行的全面梳理，这是前所未有的。钗、簪、梳背、耳环等等纷繁复杂，在她笔下逐渐清晰了，式样别致的理由也说出了道理。研究无止境，却有阶段性，书中建立的首饰类别、演变的框架，既有参考价值，也有探索价值，会启发后人的。

　　是像古人一样理解古代文化，还是用现代观念阐释古代文化？这是历史研究中遇到的问题，人们经常游移在两者之间。研究者都知道，古书很多是读不懂的，考古发现的器物看不懂的更多。文物研究首先就会遇到器物名称问题，每当古代文物无法命名时，常常会冠以"饰件"相称，虽不失严谨，却云里雾里。中国很早就有"名物"的学问，《尔雅》解释了很多前代的器物，《释名》又"以物名释义"，此后甚至图解类的书一直延续编撰。近现代学术中，探讨古代的名物也是常有的，劳费尔的《伊朗编》、薛爱华的《撒马尔罕的金桃》等等，都有通过器物的名称阐释而对重大问题做出贡献，但这种必要的基础学问做起来很难。扬之水正是从基础入手，将首饰进行了分类、取名，研究特色是实物与文献结合，还以绘画、雕刻、器物为辅证，考证时追源溯流，可以说细致入微。如"簪"与"步摇"，前者是名称，后者是形容。《释名·释首饰》中云："步摇，上有垂珠，步则摇动也。"形容佩戴的首饰在走动时能够摇动，但后来成为约定俗成的名称，这一演化有人谈过，但扬之水说得最清楚。

唐代以前的各类器物相对简单，形制变化时代性强，考古类型学研究显示出强大的作用。宋代以后衣食住行更为讲究，器物纷杂，一般的类型学方法有时无能为力，甚至多此一举，因为器物的形制、纹样，有的在文献中有清楚的记载。这时很多器物与自身的直接功用渐行渐远，成为时尚的标志，结合文献解读显得更加重要。扬之水在首饰命名上的筚路蓝缕，后人也许能坐享其成，因为无论是对是错，都迈出了关键的一步。

如何对古代器物命名？目前采用的一是古人的叫法，一是现代人取名。前者来自器物铭文中的自称或文献。后者多依据样式或现实生活中相似的器物。古人有时很随意，即便宋代以后金石学中的图文之作，以及本草、图考、方物、类书等，对器物名称、分类很少有原则，更少科学性，给后人徒增费解。现代考古学器物命名大致有物品名称、用途名称、样式名称、工艺名称、形容名称等等，可以取其一，也可以综合。如果以陆续递增含义的方式举例，通常所说的"壶"，是第一种含义，"酒壶"是第二种含义，"带把酒壶"为第三种含义，"带把錾花酒壶"是第四种含义，"带把阔叶錾花酒壶"是第五种含义，然后还要分出型、式细化分类。如此看来，器物定名的学问不小，不光显示着对器物的介绍和描述，有时还隐含着对器物的年代和文化特征的阐述，甚至对技术的进步、思想观念的定位。如何处理古人或金石学与现代考古学在器物命名上的关系，对于历史时期考古名物研究是个问题。在扬之水看来，有些物品被形容久了，或可代替名称来使用，而且古人正是那样做的。如蜂蝶花果及其组合纹样是宋元时期的重要题材，也出现在首饰之外，扬之水考证发现，文献中有蜂赶梅、蜂赶菊、蜂采花、蝶恋花、蝴蝶戏花等记载，是当时纹样的名称，有时也代指首饰。以荷叶莲花鸳鸯嬉水为主题的荷塘小景，当时人称为"满池娇"，于是也成为固定名称。还有如御仙花，是北宋的"官称"，实为荔枝，宋代流行的对蝶配件及对蝶纹样，别名为"孟家蝉"，等等。这些对物之名称和物之实体、用途的对应考证，成为书中的一大特色。

　　对首饰的分类定名，是研究的新起点，探索的意义并非仅仅寻找这一直接结果。认识的深入，还要与社会背景一同讨论。人类社会总是不断追求充分的人性生活方式，首饰融入了人的情感，在展示美丽的过程中，透露出生活的琐碎、世相的丰富。扬之水对首饰用途的阐释、时空关系的断定等等方面，或多或少都涉及了对社会生活的探讨。书中对簪、钗、冠、梳等细微叙述的同时，还介绍了"头面"

对当时女性之重要，对于"三金"中金钏，金锭、金帔坠的分别描述，直接进入到对宋代嫁娶风俗的介绍。而对宋元时期才真正流行开来的耳环、戒指，既追溯了历史，又在讲述样式时具体指出了方牌式的耳环似乎是元代出现的，联珠镯元代最流行。这些结论，只有建立在对大量实物的梳理、文献考证的基础之上才能得出，加深了对首饰用途功能的认识，也沟通了首饰与人的关系。

在主观性极强的学术研究中，意义多是研究者赋予研究对象的，这与真正的历史之间有多少差距也许永远都说不清。不过首饰与社会风俗的关系显而易见，宋元首饰制造主张"务为新巧"，使之适应社会环境和心态，器物的形态纹样，有时被赋予了普遍意义，还有特指的某种内容。扬之水在著作中有附论一篇"掬水月在手：从诗歌到图画"，精彩地论证了这种特定内容发展为普遍题材的来龙去脉，从唐诗意境如何影响宋元，到依此为题材出现的图画，再至首饰上的装饰。通过某种艺术题材来审视人的行为和思想，就使器物、图像变成了解开历史、艺术、技术之谜的钥匙。这种探索很重要，因为那些无法类型化、量化描述的同类器物或图像，往往通过时尚风格来显现社会价值和审美意义，研究者只能用心灵体会去捕捉古人的意图。扬之水所做的不是空想，也不只是来自书本，用史料、实物一环扣一环去联结，而是试图以贴近当时真实生活的体验去穿透。

宋元首饰可以购买，数量多时通常要请金银匠到家中打造，或在店铺预订。尽管一些"时样"会反复制作，但各个工匠也会有自己熟悉的花样，拿手的作品，以至创新发挥。富贵又时髦的女性仅头面一副就达十几件、甚至二十几件，简直就像艺术展示，活泼轻灵又跌宕起伏。所以首饰研究者少不了对美的欣赏和探索，扬之水书中的字里行间，始终渗透一种隐隐约约的文气，经常用诗词曲中的幽美意象，来解读风格妩媚的首饰艺术。

　　首饰的材质多样，弹韧的金银是最好的选择，能用适度的变化来满足挽发、拢发等功能需要，又容易精雕细刻、色彩斑斓。因此小小的金银首饰上可雕琢塑造出极为丰富的内容，除了麒麟凤凰、花果飞禽之类，还竟然设计出庭园小景、池塘莲花，甚至融入诗情画意、人物故事等复杂的主题。那些相互呼应的情景或对话场景，自然需要巧妙的构思和高超的技艺方能完成，令人惊叹艺匠的卓越创造和艺术品味。扬之水的书读后，令人感悟到首饰之美，不仅是形态和纹样的紧密结合，还有风俗观念的融会。美国艺术史家潘诺夫斯基（Erwin Panofsky）说："考古学的研究如果没有美感的再创作相辅，将流于盲目与空洞；而美感的再创作若少了考古学研究的验证，亦将流于不合理与误导。两者'相辅相成'，能够成就一个'合理的体系'，那就是历史的纲领。"首饰创作是"生产"，使用是"消费"，观者是"鉴赏"，都通过移情作用，达到对艺术对社会的了解。扬之水的书就是试图把实物和历史文字中呈现的人情味变得更为生动，让精致优美演绎生命的故事。

　　扬之水研究的是首饰，展示的却是一个时代的风貌。文化是多种多样的，价值尺度各有不同，宋元对新题材的熟练驾驭，在中国文化史上似乎出现一个漂亮转身，换来海阔天空。自宋以后花卉图案等形成的主流，为日后发展指明了方向，其地位在后世未见动摇。诚如近代中国思想家严复所说："若论人心政俗之变，则赵宋一代历史最宜究心。中国所以成为今日现象者，为恶为善，故不具论，而为宋人所造就，十八九可断言也。"

导　言

金银首饰的研究，一向是金银器研究中的薄弱环节，也是工艺美术研究乃至文物研究的薄弱环节，而同考古发掘出土实物的情况形成巨大反差。这种状态的形成，大约与中国古代考古和中国现代考古的两个传统相关。古代考古重书画，金石，玉器，瓷器[1]；现代考古重视史前及先秦。金银首饰主要出现在唐和唐以后的晚期墓葬，而这一部分资料以完善的形式整理和发表，相对于发现的数量来说，是很少的。这当然大大影响了人们对于它的关注和研究。

而金银首饰研究实在不应被冷落。它不仅是财富与艺术的合一，也因为它所具有的展示性而成为生活时尚不可忽略的一个风向标。当日工艺品的流行题材差不多都出现于金银首饰，虽方寸之地，却几乎是时代纹样之聚珍。与其他门类相比，金银器皿和金银首饰的制作工艺算不得复杂，因此这里便格外显示出设计的重要。在古典时代，这种不断发现构图原素的创意，总会为追逐时尚的人们带来特别的欣喜。

1 明顾起元《客座赘语》卷八"赏鉴"条曰："赏鉴家以古法书名画真迹为第一，石刻次之，三代之鼎彝尊罍又次之，汉玉杯玦之类又次之，宋之玉器又次之，窑之柴、汝、官、哥、定及明之宣窑、成化窑又次之，永乐窑、嘉靖窑又次之。"

中国传统重玉，玉很早即被赋予很多优秀的品质，并且与金石书画一样，均入收藏。金银则不然，——如果玉的品格属之于"雅"，那么金银该算作"俗"。金银器首先是财富，艺术品的意义尚在其次，而通过销镕的办法又可使之反复改变形态以从时尚，因此人们并不存心使它传之久远²。今天所能见到的金银首饰，清代以前之物，多出自窖藏或墓葬，很少为传世品。

所谓"奢华"，不同的时代，不同的风气，不同的语境之下，含义各有不同。它可以带有崇尚的色彩，也可以含有批判的语气。这里对它的使用，只是作为一种描述的性质，即对金银器之品格的描述，那么不妨说它是中性的。

《奢华之色》卷一为"宋元金银首饰"，卷二为"明代金银首饰"，卷三为"宋元明金银器皿"。而在说出"宋元明金银首饰"这一类别的时候，其实已经包括了首饰的大部，固然首饰中不乏玉石、铜锡，还有骨和木，但与金银相比，不仅数量少，且就引人注目的程度来说，究竟还要推金银为最。

先秦时代，首饰以珠玉、绿松石为主，相对而言，金银制品是不多见的。汉代以渐至于魏晋南北朝，各类金饰稍稍多起来，女子的簪、钗、步摇、华胜、耳珰，是其要。又有异域风格的步摇冠，后者的发现以三燕地区为多。此外如内蒙古达茂联合旗出土西晋时代的金五兵佩³，又河北磁县东魏蠕蠕公主墓、太原北齐东安王娄睿墓所出金饰等⁴，均制作精工，式样新颖，只是后者也同步摇冠、五兵佩一般，吹过西风一阵，便四散了。南北朝时期金银首饰的样式，仍是以装饰简单的折股钗为主，其中钗梁远宽于两汉者，是稍见新意的一种。圆环式造型的指环、手镯，则久已是

2 毛先舒《戴文进传》"先是，进锻工也，为人物花鸟，肖状精奇，直倍常工，进亦自得，以为人且宝贵传之。一日于市见镕金者，观之，即进所造"（《虞初新志》），便是一例。

3 五兵佩的名称考订见孙机《五兵佩》，页107～119，《中国圣火——中国古文物与东西文化交流中的若干问题》，辽宁教育出版社一九九六年。

4 邯郸市文物研究所《邯郸古代雕塑精粹》，图一九，文物出版社二〇〇七年；山西省考古研究所等《北齐东安王娄睿墓》，彩版一五七，文物出版社二〇〇六年。

5 四川博物院《四川博物院文物精品集》，页135，文物出版社二〇〇九年。

6 杨伯达《中国金银玻璃珐琅器全集·金银器》第三卷，图二四七，河北美术出版社二〇〇四年。

传统，四川郫县宋家林东汉砖室墓出土的陶塑中有双手均戴指环的女子形象[5]〔插图一〕。贵州平坝马场南朝墓葬出土一件可调式银镯是不多见的一例[6]〔插图二〕，此际以至于唐代，它被冠以"跳脱"之名，但似乎要到宋元时代此式方大为流行，其时俗称缠钏。

7 唐传奇《虬髯客》曰红拂女"以发长委地，立梳床前"，此固为下面的"一手握发，一手映身摇示公"做铺垫，却也是对红拂之"有殊色"、"乃十八九佳丽人"唯一的具体描绘。当然重美发早是先秦以来的传统，《诗·鄘风·君子偕老》"鬒发如云，不屑髢也"。

8 如《南史·夷貊传上》曰林邑国男女"穿耳贯小环"，"自林邑、扶南以南诸国皆然也"。又《旧唐书·南蛮传》曰婆利国在林邑东南海中洲上，其人皆"穿耳附珰"。

插图一   插图二

唐代重美发[7]，喜高髻，发髻式样最多。发髻上面的点缀，最为流行的是金钿。金银簪钗多半很长，并且与此前不同，这时候簪首、钗梁的装饰日趋繁丽，又或与金钿结合，做成嵌宝的钿头钗子。但总体而言，簪钗仍以打作平面纹样者居多，嵌宝并不成为风气。耳饰似乎在汉代之后中原地区就近乎绝迹，所谓"穿耳"，便多属于中土之南的异域妆束[8]。图像中有一个对比明显的实例，即唐昭陵长乐公主墓壁画中的一幅侍女图，画面里侍女四人，汉装者三，耳均无饰，惟其中螺发者穿耳戴环[9]〔插图三〕，此或即常为唐代贵胄显宦所役使的昆仑奴[10]。唐代项饰以璎珞为主，金银者似乎不多。手饰依然是指环，戒面嵌宝者鲜见于中土，它出现于图像，也多属于释道人物，如大英博物馆藏敦煌绢本《炽盛光佛并五星神图》中的金星[11]〔插图四〕。

　　女子戴冠，唐以前并不盛行，虽然头着莲花冠的北魏

9 昭陵博物馆《昭陵唐墓壁画》，页37，文物出版社二〇〇六年。

10 唐张籍《昆仑儿》"金环欲落曾穿耳，螺髻长拳不裹头"。关于昆仑奴的考证，见孙机《唐俑中的昆仑和僧祇》，页251～255，《中国圣火——中国古文物与东西文化交流中的若干问题》，辽宁教育出版社一九九六年。

11 韦陀（Whitfield, Roderick）《西域美术·英国博物馆斯坦因收集品·Ⅱ》（西域美术：大英博物馆スタイン・コレクション・Ⅱ），图二七，讲谈社一九八二年。

插图三

插图四

12 如《云谣集杂曲子·柳青娘》"碧罗冠子结初成，肉红衫子石榴裙"；和凝《宫词》"碧罗冠子簇香莲"。今藏台北故宫博物院传唐人《宫乐图》（当为宋人摹本），绘宫廷生活一角，其中挡筝者所着即碧罗冠。

13 北宋钱易所谓"玉真公主玉叶冠，时人莫计其价"（《南部新书·丙》），是也。

14《太平广记》引《杜阳杂编》云：敬宗宝历二年，浙东国贡舞女二人，一曰飞燕，二曰轻凤，其衣骈罗之衣，戴轻金之冠，"轻金冠以金丝结之为鸾鹤之状，仍饰以五彩细珠，玲珑相续，可高一尺，秤之无三二钱"。

15 徐铉《银结条冠子》："日下征良匠，宫中赠阿娇。瑞莲开一朵，琼缕织千条。蝉翼轻轻结，花纹细细挑。舞时红袖举，纤影透龙绡。"

16 秋山光和《西域美术·吉美博物馆伯希和收集品·Ⅰ》（西域美术·ギメ美术馆ペリオ·コレクション·Ⅰ），图46—5，讲谈社一九九四年。

皇后曾经出现在龙门石窟雕刻的礼佛图中，不过究竟不成为风气。戴冠的唐五代女子大致有两类，其一女冠，其一女乐，所着多为碧罗莲冠[12]。睿宗之女金仙公主和玉真公主出家为道士，是著名的例子，玉真公主所着玉叶冠，竟也讲究得成为传闻[13]。不过此际金银冠仍不多见。苏鹗《杜阳杂编》提到"轻金之冠"[14]，徐铉有诗咏银结条冠子[15]，所述均为宫廷故事。后者依然是莲冠，而蝉翼轻轻，琼缕千条，自然精细且轻。只是迄今未见与此相合的实物。

五代至北宋初年，女子戴冠的风气似已渐渐流行于民间，敦煌画品中，女子着冠的形象不止一例。今藏法国吉美博物馆的彩色绢画《金刚界五佛》，画面下部绘着七身供养人像，戴冠的两位女子，其一榜题"施主亡过母李氏"，其一榜题"亡过女贠泰"。李氏戴着的是一顶金冠，冠上装饰莲瓣纹，其间并点缀翠饰，后面三道梁，高高撑住金冠束起的云鬟〔插图五〕。此幅绢画原出敦煌藏经洞，一般认为是十世纪后半的作品[16]。

入宋，女子戴冠已颇为风行，角冠、团冠、舾肩冠，形形色色，品类繁多，而作为一种殊荣，此际又有命妇的

插图五

冠帔之赐，为后世所艳称的"凤冠霞帔"，便开始出现在这一时代[17]。女子金银首饰的式样以及插戴方式的变化，与戴冠的风气原是密切相关，特别是在明代。而一个更大的变化是女子的缠足，久而改变了步态姿容，——步履细碎，立姿微呈佝偻之态，如大都会博物馆藏宋人绘《吕洞宾过岳阳楼图》中的女子[18]〔插图六〕。如此，审美趣味自然随

插图六

之改变。多局限于室内的生活方式，也是促进首饰发达的原因之一。此前始终未曾兴盛的耳环、戒指、手镯、项饰、佩件，等等，于是一并发扬光大起来。宋元明金银首饰遂与社会风俗相依傍，不断推出新式，形成新的格局。这一阶段金银首饰的类型、样式、纹样设计与制作工艺，便是卷一、卷二主要讨论的内容。

17 北宋的时候，凤冠霞帔作为皇后常服已列入舆服制度，欧阳修等编《太常因革礼》卷二十五曰皇后常服"龙凤珠翠冠，霞帔"。两宋墓葬多有霞帔及霞帔坠子出土，只是与它同出的并无冠类，无论"翠冠"还是"宝冠"，则凤冠作为一种成熟的固定样式，恐怕还在宋之后。然而凤冠霞帔礼制上的意义在民间却早是深入人心，金元戏曲中即已把它作为表现程式。金刊《刘知远诸宫调》："一量金凤香车，几疋宝鞍（骄）马，取夫人交显荣华，戴金冠霞帔身边挂。"元杨显之《潇湘雨》杂剧第四折，云张翠鸾遇父得救，因欲惩治负心之夫与他那别娶之妇："〔正旦云〕左右，与我快锁了者。〔搽旦云〕阿哟，我戴凤冠霞帔的夫人，是好锁的，待我来。（除凤冠科）解了这金花八宝凤冠儿，（脱霞帔科）解下这云霞五彩帔肩儿，都送与张家小姐妆台次，我甘心倒做了梅香听使。"

18 浙江大学中国古代书画研究中心《宋画全集》，第六卷第四册，图四四，浙江大学出版社二〇〇八年。

纹样和造型以及它的设计构思，是讨论中涉及比较多的问题。如果说明清是吉祥图案发展成熟并且趋于程式化的时代，那么宋元便可以说是它的孕育期。这时候金银首饰的图式安排常常借助于绘画，特别是精细的写实风格的院画，——或移植，或改造，或仅取其意，而在对两宋花卉翎毛、山水人物等题材不断借鉴的过程中，逐步提取并形成了吉祥图案的各种题材。不过以纹样中各个物事的谐音构成吉祥寓意的做法，宋元时代还没有普遍应用。并且此际的金银器纹样尚多在其中保存了绘画原有的田园意趣和文人雅尚，工艺与绘画尚未截然趋向两途，如明清时代的情景。这里的讨论以金银器为主，兼举瓷器、玉器、漆器之例，其实这也是整个工艺品题材的发展趋势。

本书是用名物学的方法所做的金银器研究。未曾采用论著式的章节安排和写法，在于我以为目前采取的以条目为序，逐条考释的形式更符合研究对象的性质，即它可以容纳更多的对细节的关注。从单个的小件入手，推源溯流，解析造型与纹样的各个元素，当更容易从中发现继承和演变的轨迹，特别是设计构思的来源。讨论所及之一器一物，是中国古代设计史中具体而微的实例，也是时代风尚的细节构成。又不仅仅是艺术语汇，也还可以说，它是与小说，绘画，瓷器、漆器等工艺品共同构成的时代叙事。这里没有用很多篇幅来谈整体风格，但我想，在个案分析的基础上，整体风格当会有着清楚的呈现。

第一章 宋元首饰的类型与样式

小引

1 《百宝总珍集》，玄览堂丛书三集；《新编事文类要启劄青钱》，古典研究会影印德山毛利家藏本，一九六一年；《新编居家必用事类全集》，书目文献出版社影印朝鲜刻本；《老乞大》、《朴通事》，汪维辉编《朝鲜时代汉语教科书丛刊》，中华书局二〇〇五年。南宋刻本《重编详备碎金》（宋张云翼编），《天理图书馆善本丛书·汉籍之部》第六卷，天理大学出版社影印本，一九八一年；内阁大库洪武刊本《明本大字应用碎金》，百爵斋丛刊本；明永乐本《碎金》，国立北平故宫博物院文献馆影印本，一九三五年。按末一种有余嘉锡跋语，乃就书中所载地

讨论宋元金银首饰，面临的第一个问题是定名：样式的名称，纹饰的名称，工艺的名称。可以说，至今还没有人就这一题目做过深入细致的研究，目前使用的名称，多是今人所作的描述性命名，它以各人对器型、纹饰的认识与理解不同而名称各异。

理想的定名方法之一，自然是力求找到每一种首饰在当时的名称，——或俗称，或雅称，或概称，如此才便于进一步讨论它的样式与工艺。

关于宋元金银首饰的名称与样式，古文献中相关的记载不是很多，讨论主要利用的材料是成书于南宋末年的《百宝总珍集》，刊于元泰定元年的《新编事文类要启劄青钱》，元人编纂的《新编居家必用事类全集》，朝鲜时代的汉语教科书《老乞大》和《朴通事》，又分别成书于南宋和明洪武、永乐的三部《碎金》（以下分别简称为"天理本"、"百爵斋本"、"故宫本"）[1]。其中有着继承关系的三部《碎金》可资利用

者尤多，虽然它只是分门别类列出各种物事的名称，除个别字词注明读音或别一种写法之外，不作任何解释，但在比较形象的词汇中仍不难找到名与实的对应。

宋元是民间手工业十分发达的时代，金银器制作也是如此。作为金银首饰，一桩大宗的需要，便是嫁娶。《新编事文类要启劄青钱·续集》卷九《荐导术艺简劄》"荐导银匠"条列其程式曰："银匠厶人团造镂巧精细，似闻宅上营办嫁染，敢以一缄遣来执役。"其答式有两种，一是接纳，一是婉拒，后者其式曰："荐至厶匠，虽荷不鄙，但寒家遣女，初无黄白打造，虚辱其来耳。"厶，即某。黄白打造，金银器制作也。由此一往一来的书信程式，可以约略窥得情景之一般。宋元金银首饰中最常用到的装饰题材，如牡丹凤凰，二龙戏珠，瓜瓞、荔枝、石榴、桃实，蜂采花、蝶赶菊，满池娇，都带着吉祥喜庆的色彩，似乎也在昭示着它的用途。至少可以说，金银首饰的成批打制是集中在嫁女时节。如果是一家一户的集中购求，常常会雇请银匠到家里来专务打造。也因此出自同一银匠的一时打造，而多半簪钗成双头面成副，——头面一副之数少则十几，多则二十以上[2]，且一眼看去便可认得分明。元郑廷玉《宋上皇御断金凤钗》杂剧因此可以为断案故事设计一个系在一组金凤钗上的关键线索。

这里要讨论的首饰，范围主要限定在女子所用，即宋及宋以后俗多称作"头面"者，不过首饰包含的事项比头面更多一些。簪、钗、冠、梳、耳环、戒指、手镯、项饰，佩件，均在其内。首饰以材质论，可别作两大类，即金银与珠翠，后项的制作者称"珠翠匠"，其手艺是结珠铺翠，也称作"装花"[3]。前项的制作者称"银匠"或"金银匠"，

名、官名详加考证，认为此本系永乐初年用洪武本略改者。今以两种明本与南宋刻本相较，可见洪武本与南宋刻本十分接近。

2 元《瘿李岳诗酒玩江亭》杂剧有一段牛员外的插科打诨，道："我无甚么与大姐，金银玉头面三副，每一副二十八件，每一件儿重五十四两，怕大姐爱迸时都戴在头上，压破头可不干我事。"每一件儿重五十四两，固其谑也，但每一副二十八件，应不是虚。不过宋元时代所谓"头面一副"，意在首饰的基本样式在此齐备，却并不是同时簪戴的一组，因与明人说到的"头面一副"，意义并不完全相同。

3 《新编事文类要启劄青钱》卷九《艺术门》列有金银匠、珠翠匠。又同卷《荐导术艺简劄》"荐人装花"条列其程式曰："某人结珠铺翠妙夺造化，乃巧匠也。大府必有工夫僭易，遣听要束。"其答式曰："寒舍恰欲装少首饰，乃蒙荐进花匠，遂即令整顿，真妙手也。感德居多。"

其工夫则在于团造镂巧精细。金银首饰里，钗和簪自然是其要，各地发现的宋元金银器遗存中，这两类也正是大宗。

第一节 钗与簪

1 金钗（图1－1：1）

江西安义石鼻李硕人墓出土 [4]

传统的折股钗是宋元时代最普通也是今之考古发现中最常见的样式。钗梁或光素无纹，或打出铺号、制作者，又或成色、重量等。前者如彭泽易氏夫人墓所出（图1－1：2），后者如南京郊区龙潭南宋墓所出，均为银钗 [5]。南

4 刘品三《安义县发现一座宋墓》，页4，《文物工作资料》一九七七年第六期。本书彩色照片承江西省博物馆提供，以下所举此墓出土饰品之例，均同。

5 金琦《南京市郊区龙潭宋墓》，页344，图三，《考古》一九六三年第六期。

图1－1：1金钗 江西安义石鼻李硕人墓出土

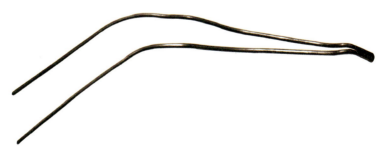

图1－1：2银钗 江西彭泽易氏夫人墓出土

宋的典型样式是在钗梁装饰花卉纹或竹叶纹、竹节纹，后者如江西德安桃源周氏墓、临川县宋墓所出金钗和银鎏金钗[6]，前者即如李硕人墓出土的这一对。钗梁的花卉纹是用"落"（行业内读作 lào）的办法錾出来，即用錾子把地子"落"下去，使花纹凸显[7]。

折股钗均为实心，因此分量多重一些。李硕人墓金钗长 17.6 厘米，一对重 31 克。彭泽易氏夫人墓出土银钗长 24 厘米，重 30.5 克，六安花石咀墓出土的一对金钗各长 17.5 厘米，共重 95 克[8]。折股钗主要用作挽发，时称"关头"。使用的时候常常要使它形成一个弧度，而一支在侧，一支在前，挽住头顶的高髻；又或者前面一枚梳子把头发拢紧，侧面一支折股钗挽髻，前者见于山西平阳金墓砖雕，后者见于郑州登封王上村金墓壁画[9]（图 1—1：3、4）。

6 陈定容等《江西临川县宋墓》页 330，图一：1·下，《考古》一九八八年第四期。按钗长 14.3 厘米，重 37.1 克。墓葬年代为庆元四年。

7 北京金艺坊王香泉师傅说。

8 安徽六安县文物工作组《安徽六安县花石咀古墓清理简报》，页 920，图七：3，《考古》一九八六年第十期。

9 山西省考古所《平阳金墓砖雕》，图一〇一，山西人民出版社一九九九年；郑州市考古研究所《郑州宋金壁画墓》，图二三〇，科学出版社二〇〇五年。

图 1—1：3 山西平阳金墓砖雕　　　图 1—1：4 郑州登封王上村金墓壁画

10 照片承江西省博物馆提供。

11 本书所举湖南宋元金银器之例，凡未注明者，均取自《湖南宋元窖藏金银器发现与研究》(湖南省博物馆编；扬之水、陈建明主编，文物出版社二〇〇九年)，以下不再一一注明。

2 银连二连三式竹节钗（图1－2：1）

江西德安出土 [10]

金竹节钗（图1－2：2）

湖南临澧新合元代金银器窖藏 [11]

金桥梁式竹节钗（图1－2：3）

湖南张家界元代金银器窖藏

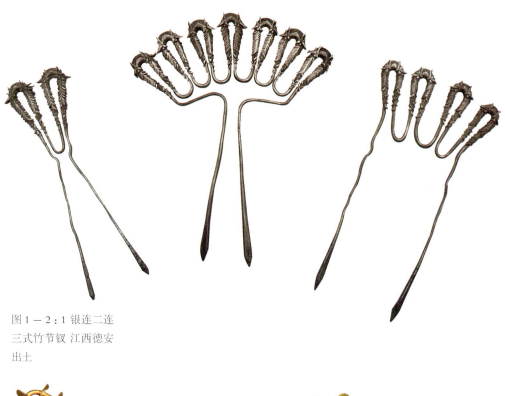

图1－2：1 银连二连三式竹节钗 江西德安出土

图1－2：2 金竹节钗 湖南临澧新合元代金银器窖藏

　　装饰稍微复杂一点的折股钗，有各种样式的竹节钗，或银，或金，都不鲜见。临澧新合窖藏中共有十九支金竹节钗和一支银竹节钗，除两件金钗做成十一节之外，其余均为九节，而综合其他地方的发现，可知后者是最为常见的一种形式。竹节钗也都是实心做，自然分量会重，比如新合窖藏中的一支通长不过 15 厘米，重则 25.5 克。

　　宋元竹节钗在南北地区均有发现，如苏州张士诚母曹氏墓，如内蒙古敖汉旗克力代乡太吉合窖[12]，等等。今人对它的叙述名称很不一致，如"连环式钗"、"圆饼纹钗"，等等，而依百爵斋本《碎金·服饰篇》"钗钏"一项中列举的名称，把它对应于竹节钗，大抵相符。江西德安出土的这一组时属南宋。纹饰选取的意象似乎是竹枝，因此特别

12 苏州市文物保管委员会《苏州吴张士诚母曹氏墓清理简报》，图九:1，《考古》一九六五年第六期；邵国田《敖汉文物精华》，页 200，内蒙古文化出版社二〇〇四年。

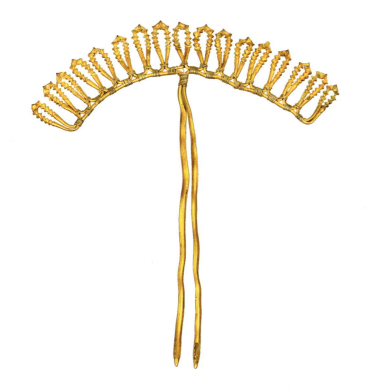

图 1 - 2 : 3 金桥梁式竹节钗 湖南张家界元代金银器窖藏

13 于建设《赤峰金银器》，页188，左图，远方出版社二○○六年。

14 湖南省博物馆《湖南临湘陆城宋元墓清理简报》，页64，《考古》一九八八年第一期。按本书所用出自此墓饰品的彩色照片均承湖南省博物馆提供。

15 金柏东、林鞍钢《浙江永嘉发现宋代窖藏银器》，页85，图一○，《文物》一九八四年第五期。

把竹叶表现得精细。其中花头最多的一支，钗脚长6.8厘米，重25.8克。

竹节钗的一种简化形式是把钗梁部分的节间距做得很短，由钗梁向钗股的收束则为螺旋纹，宋元时代南北地区也都有这样的例子，如内蒙古赤峰地区出土的一支[13]，如湖南临湘陆城南宋墓[14]（图1—2：4），又临澧柏枝乡南宋银器窖藏中的各一对。浙江永嘉银器窖藏中有几乎相同的式样，不过是把它做成连二连三式簪的簪首，从存留的部分可以把纹样和结构看得很清楚[15]（图1—2：5）。湖南沅陵元黄氏夫妇墓出土一对金连三式竹节钗，是保存完

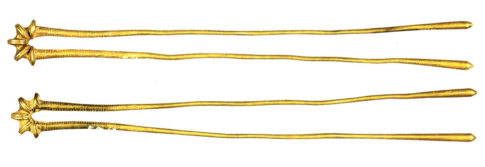

图1—2：4 金竹节钗
湖南临湘陆城南宋墓
出土

图1—2：5 银竹节钗
浙江永嘉银器窖藏

好的例子（图1-2:6）。张家界窖藏中的这一支更具规
模，——钗梁上金灿灿一溜十七个竹节钗首，是"桥梁钗"
的样式。金钗通长15.1厘米，重55.8克。

图1-2:6 金竹节钗
湖南沅陵元黄氏夫妇
墓出土

16 上海电视大学松江分
校金饰窖藏中有一件双龙
衔牡丹金簪（何继英《上
海市松江区发现的南宋窖
藏金饰件》，页48，图一，
《上海文博》二〇〇四年
第一期），图式与螭虎钗应
属同类。此窖藏被定为南
宋，不过就窖藏金饰的样
式与工艺来说，似以定在
元代为宜。丁亥年夏承上
海博物馆慨允观摩，并与
在场的王正书先生一起讨
论，原有的意见得以进一
步证实。

3 金螭虎钗（图1-3:1）
湖南株洲攸县丫江桥元代金银器窖藏

金螭虎钗（图1-3:2）
湖南澧县双龙乡花庙村元代金银器窖藏

金螭虎钗（图1-3:3）
湖南涟源桥头河镇石洞村元代银器窖藏

元代创制的新式之一，为螭虎钗[16]。作为金银首饰的
一大类型，螭虎钗又可以细分出几种不同的样式，各式的

图 1—3：1 金螭虎钗
湖南株洲攸县丫江桥
元代金银器窖藏

图1－3:2 金螭虎钗
湖南澧县双龙乡花庙
村元代金银器窖藏

图 1 — 3：3 金螭虎钗
湖南涟源桥头河镇石
洞村元代银器窖藏

制作工艺并不完全相同，并且也很有精粗之别，但构成基础类型的要素以及总体构图总是一致的，即花朵在上，身作扭结的双螭或双龙口衔花叶在下，虽然有些省俭的做法如同"写意"，——不过把钗股扭结之后略事雕錾而并不细做。

丫江桥窖藏中的这一支金钗可以算作螭虎钗的标准样式，即钗梁打作一丛牡丹花叶以为底衬，钗脚盘旋扭结做成海浪、灵芝和一对耸身向上的螭虎，再把一朵牡丹和几片花叶焊接于做成花叶底衬的钗梁上。

　　式样之二，澧县窖藏的一对金钗可以为例，即钗梁一面是牡丹，一面是莲花，钗脚则一面祥云，一面螭虎，螭虎的长身蜷曲处各带起一朵灵芝。两面纹样不同，却是互为呼应。

　　式样之三，图案集中于钗首而分作上下两片，上为打作出一枚灵芝、一对螭虎和一朵牡丹的饰片，下为底衬，底衬的下半部即打制为钗脚，然后再把上下两片焊接在一起，涟源窖藏中的这一对银鎏金螭虎钗是其例。式样之四，便是各种"写意"式的省略做法，如澧县珍珠村窖藏中的一支银钗。

　　螭虎钗的分量多在二十克以下，且每每成对。而繁与简两种形式的双龙衔牡丹钗，按图式类型来说，也应算作螭虎钗的一种，如湖南临澧新合元代金银器窖藏中的一支（图1−3：4）。此外，沅陵元黄氏夫妇墓出土与螭虎钗构图相同的一对银钗，钗梁下面并首衔花的是一对摩竭鱼，也不妨把它看作是螭虎钗类型中的一种变化形式（图1−3：5）。

图1−3：4金螭虎钗
湖南临澧新合元代金
银器窖藏

图1－3：5银摩羯衔
花钗 沅陵元黄氏夫妇墓
出土

螭虎钗之所谓"螭虎"，原是俗称，雅称或曰蟠螭。元
张昱《无题二首》之二"咫尺香闺步懒移，搔头谁理玉蟠
螭"[17]，应即同类纹样的玉簪。宋代"教子升天杯"中作为
主题纹饰的螭已是螭纹的成熟样式，西安东郊田家湾村出
土元螭虎穿花纹玉佩也可以认为是螭虎钗纹样的近缘，玉
佩中螭虎衔花叶的姿容几乎就是螭虎钗子上半部的基本造
型[18]（图1－3：6）。则螭虎钗的纹样构思或即"教子升天"
与"螭虎穿花"的合一。从黑龙江阿城金齐国王墓出土的

17 顾嗣立《元诗选·初
集》，页2088，中华书
局一九八七年。

18 古方《中国古玉器图
典》，页319，文物出版
社二〇〇七年。

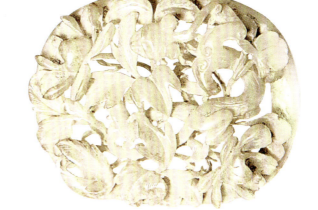

图1－3：6螭虎穿花
玉佩 西安东郊田家湾
村出土

绿地螭虎穿云纹锦来看，钗的设计意匠与它的关系也是紧密的[19]（图1－3：7）。两相比较，不仅构成基础纹样的主要元素相同，并且祥云和螭虎的造型、乃至螭虎的鸾鸟式长尾也都显示着二者图式的一致。

螭虎钗的名称见于故宫本《碎金·服饰篇》，原是列在"首饰"一节的"北"条下，不过这也许只是表明它的起源，此式其实通行于南北，内蒙古锡盟察右中旗广益隆、敖汉旗克力代乡太吉合窑及四家子镇南大城，又甘肃漳县徐家坪，湖北武汉黄陂周家田元墓[20]，等等，或金或银的螭虎钗都有发现。

19 赵评春等《金代服饰——金齐国王墓出土服饰研究》，彩版一三八，文物出版社一九九八年。按图版说明原作"忍冬云纹夔龙纹锦"。

20《敖汉文物精华》（见注12），页200；《赤峰金银器》（见注13），页191；杨伯达《中国金银玻璃珐琅器全集·金银器》，第三卷，图二〇，河北美术出版社二〇〇四年；武汉市博物馆《黄陂县周家田元墓》，页83，图六，《文物》一九八九年第五期。

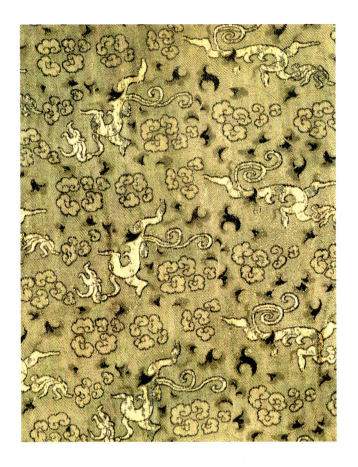

图1－3：7绿地螭虎穿云纹锦局部 黑龙江阿城金齐国王墓出土

4 银并连式花头钗（图 1 − 4 : 1）

浙江永嘉银器窖藏 [21]

花头钗是一种类型的泛指，细分的话，尚可以从中析出若干不同的样式。其名称见于宋人话本，即《宋四公大闹禁魂张》里的一段说话："妇人叫了万福，问道：'客长，用点心？'赵正道：'少待则个。'就脊背上取将包裹下来，一包金银钗子，也有花头的，也有连二连三的，也有素的，都是沿路上觅得的。"所谓"花头"，即钗梁做出各种各样的装饰。以宋本为底本刊刻的《新编对相四言》，与"钗"对应的图，便是五花并连的一枝花头钗（图1-4:2）。所谓"连二连三"，即若干对花头或花筒并连于钗梁，永嘉窖藏中的这一支便是式样之一。它用一根银条做成并连于钗梁的五个折股钗，五个小钗的钗梁再分别焊五朵牡丹花。钗长九厘米。

21《浙江永嘉发现宋代窖藏银器》（见注 15），页 83，图四。

图 1 − 4 : 2《新编对相四言》钗图 美国哥伦比亚大学史带图书馆藏

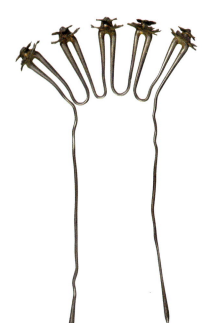

图 1 − 4 : 1 银并连式花头钗 浙江永嘉银器窖藏

这一做法也为后世所继承。《明史》卷六七《舆服三》
命妇冠服一项列有"金云头连三钗"，应即此式钗子的延续。

5 金并头花筒钗（图 1－5：1）
江西安义石鼻李硕人墓出土
金连七式花筒钗（图 1－5：2）
湖南临湘陆城南宋一号墓出土
金桥梁式花筒钗（图 1－5：3）
湖南临澧新合元代金银器窖藏

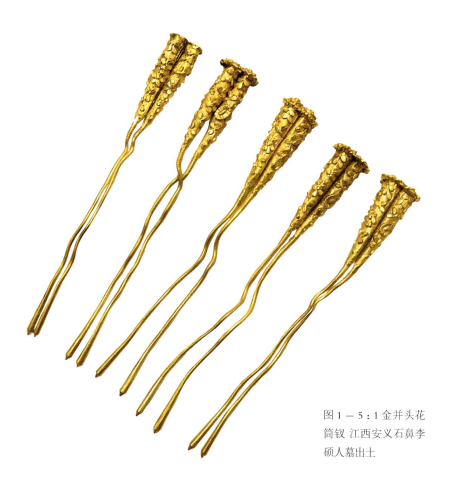

图 1－5：1 金并头花
筒钗 江西安义石鼻李
硕人墓出土

图 1 - 5 : 2 金连七式
花筒钗 湖南临湘陆城
南宋一号墓出土

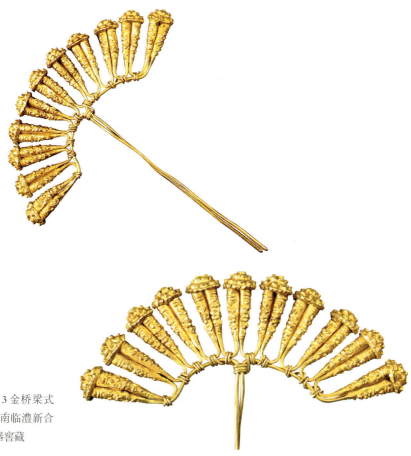

图 1 - 5 : 3 金桥梁式
花筒钗 湖南临澧新合
元代金银器窖藏

花筒钗的设计与制作始于宋，而成为宋元时代最为流行的一种类型，并且发展出很多不同的式样。

式样之一，为钗梁上安排并头的一对。即在两枚金银片材上分别打作各式花卉，然后各卷作喇叭筒，继而将两个圆喇叭筒于合口处对接，另外再以一枚金银片材打制花样，做成扣在两个花筒上的花帽。花筒的底端向下收束为钗脚，——或任它收束后成为细细的两个空管，即连钗脚也是空心，或另接两支打做实心的钗脚，李硕人墓出土的五支金钗即属后者，是很有代表性的例子。

并头花筒钗的扩展，便成式样之二，即二三并头花筒相连成为钗梁上的一排，以为连二连三式。式样之三，更多花筒相连而成为钗梁上弧形的一弯，以为桥梁式。南京太平门外王家湾北宋末年墓所出银钗，弧形的钗梁上并列花筒十三对 [22]。江苏江阴长泾镇南宋墓出土一支"北周铺造"银鎏金钗，钗梁也为弧形，其上并列花筒三十三对 [23]，两例均为第三式。同墓所出又有"周铺造"银鎏金钗一对，平直式造型的钗梁上并列花筒十三对，为第二式之例。元代沿用宋式，并且变化不大，即如临湘陆城南宋墓与临澧新合窖藏中的这两支。

花筒钗的三种式样自然也可以做成簪 [24]。深圳宋墓出土一支银簪，从《简报》中的线图来看，应即桥梁簪之属，不过花筒的做法稍有不同 [25]。元代的例子，有常德博物馆藏出自武陵的一支（图1—5：4）。

桥梁式花筒钗的制作并不复杂，——用两根粗金丝作成并拢的钗脚，然后在钗脚顶端把金丝分向两边作成钗梁，钗梁两端打造为薄片，薄片上再打造花样，之后把有花样的薄片对卷为喇叭筒。再一步，便是把已经制作好的若干

22　墓中出有北宋各朝钱币，最晚者为"圣宋元宝"，则墓葬年代约当北宋末年。金琦《南京太平门外王家湾发现北宋墓》，页101，图三，《考古》一九六一年第二期。

23　刁文伟、翁雪花《江苏江阴长泾镇宋墓》，页39～41，图四至图六，《文物》二〇〇四年第八期。

24　四川洪雅宋墓出土"银发笄一件，已残。双针并排，基部相连，针体圆径，基部扁平，残长9.5厘米"。四川省博物馆等《四川洪雅宋墓发掘简报》，页39，《考古》一九八二年第一期。按此为程文贤夫妇墓，程卒于元丰三年。《简报》未发照片，也无线图，据文字形容，似即一支并头花筒簪。

25　深圳博物馆《广东深圳宋墓清理简报》，页133，图三：3，《考古》一九九〇年第二期。

图 1 — 5：4 金桥梁花
筒式簪　常德武陵出土

花筒依次用细金丝固定在钗梁上，花筒的制作与并头式花
筒钗相同，最后扣上打造出花样并在四缘剪出裂口的花帽，
沿着裂口依次内卷，花帽便扣合在花筒上了。

　　另一种在钗梁上固定小花筒的方式，是取一枚银片对
折，把一个一个小花筒嵌入对折处，然后把嵌了花筒的薄
片焊接在钗梁上，例见株洲堂市乡窖藏所出一支银钗。武
陵金簪也是这种做法，不过工艺更为讲究，——固定花筒
的金片上缘做出波曲并錾刻一溜如意云头，下方锥点一行
卷草纹，簪脚上錾刻折枝花卉，钗梁上面包嵌饰片。这一
类样式的簪钗别有名称曰"桥梁"。

　　连二连三或桥梁式金银花筒钗簪虽然看起来很繁丽，
却因为是用金片或银片卷折而成，故与实心的折股钗、竹
节钗相比，分量反而是轻。

　　"花筒"之名原是列在故宫本《碎金·服饰篇》"首饰·南"
所举各种钗的名称之下。元乔吉小令有〔双调〕《水仙子》
一首："玲珑高插楚云岑，轻巧全胜碧玉簪，红绵水暖春香

沁，是惜花人一寸心。净瓶儿般手捻著沉吟。滴点点蔷薇露，袅丝丝杨柳金，是个画出来的观音。"[26] 此曲题作《花筒儿》，是巧借花筒儿的意象为花筒钗子写意，正可揭出此类钗式的设计匠心。

26 隋树森《全元散曲》，页615，中华书局一九六四年。

6 金并头花筒簪（图1－6：1）

湖南临澧新合元代金银器窖藏

这是元代常见的一种样式，而与宋式并头花筒簪有所不同，即并头的一对花筒顶端分别扣合一个花帽，花筒并拢之后渐收渐细，下半部便因势打做实心的簪脚。并头的两个花筒装饰纹样各有不同，或是棋纹的骨架里填朵花，或是龟背纹的骨架里填朵花。这也正是宋元时代流行的丝绸纹样，湖南衡阳宋墓、苏州张士诚母曹氏墓等均有实物出土[27]（图1－6：2）。并头花筒顶端的两个花帽纹样也各有所取，通常是一边为花朵，一边为五果：荔枝，瓜实，柿子，石榴，桃。这也是元代金银首饰纹样中取用最多的题材。

27 常沙娜《中国织绣服饰全集·织染卷》，图二五〇，天津人民美术出版社二〇〇四年；赵丰等《黄金·丝绸·青花瓷——马可波罗时代的时尚艺术》，页85，艺纱堂／服饰工作队二〇〇五年。

图1－6：1金并头花
筒簪 湖南临澧新合元
代金银器窖藏

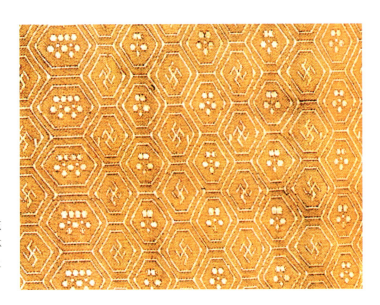

图1－6：2龟背梅花
卍字纹花绫裙纹样 苏
州张士诚母曹氏墓出土

7 银鎏金花头桥梁钗（图 1 − 7：1）

江西吉安县出土 [28]

银鎏金花头桥梁钗（图 1 − 7：2）

银鎏金花头桥梁钗（图 1 − 7：3）

江西进贤县出土

　　钗有"桥梁"之名，见于故宫本《碎金》。不过它的出现是在北宋，自此直到元代都有制作，并且前后区别不是太大。前举纹样为竹节、为花筒的桥梁式簪钗，以式样论都是"桥梁"一类。

　　桥梁钗的基础式样，是用两根粗金丝做成一道弯弧，其外包嵌两枚饰片以成状如桥梁的钗梁，桥梁下缘接钗脚，上缘组织各式花头，也就是将若干钗首集合在一处。花头中常见的一类是并头花筒，即如前面举出的例子。此外又有一种是打作两簇起拱的花枝，顶端托举各式花朵，便如出自吉安的这一支。它的花头设计也是取自折股钗钗首之

28 照片承江西省博物馆提供，本条所举出自江西之例均同。

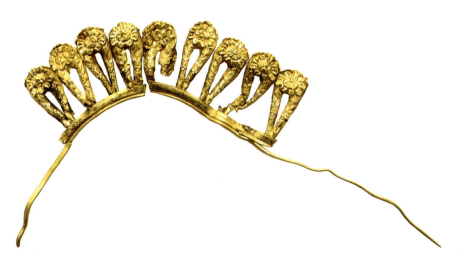

图 1 − 7：1 银鎏金花头桥梁钗 江西吉安县出土

图1-7:2 银鎏金花
头桥梁钗 江西进贤县
出土

图1-7:3 银鎏金花
头桥梁钗 江西进贤县
出土

一种，如前举安义李硕人墓所出金钗之例。不过彼是实心作，此是用两片扣合的办法空心作。

出自进贤的两支桥梁钗纹样却很别致，并且做工格外精细，虽有残损，但要件均存。

其中一支是用两枚片材做成桥梁，一枚用锥点饰作缠枝卷草，一枚打作花卉。桥梁上边的十一枚花头也是用片材扣合而成，两面打作相同的纹样，即下方为两两抱合的花叶，叶尖上托起一枚瓜实。然后把花头一一夹焊于两枚弯弧之间，弯弧下方接焊钗脚。花头高四厘米，钗脚长11.2厘米。

另外一支是桥梁与花头连做，即先用片材做出光素无纹的底衬，另以一枚镟镂花样。花头打作联珠纹勾边的九个花瓣，每个花瓣上方一朵牡丹花，下方为对称的两朵小花和花叶，此外的空间满饰龙牙蕙草。再以一枚极薄的片材镟镂纹样做成拱形的装饰带，然后包接于"桥梁"之外。下方钗脚已失，不过接焊的痕迹尚存。花头高五厘米，钗重24克。相似的做法也见于江西新余罗坊乡出土的一对银鎏金花头簪（图1－7：4）。

三钗均系征集入藏，没有据以断代的其他参照，从钗本身的纹样与工艺来看，出自吉安的一支接近南宋，出自进贤的两支接近元代。

"花筒"和"桥梁"在故宫本《碎金》中均列在首饰之部的"南"项下，目前所知花筒钗和桥梁钗也多是发现于南方，但其插戴却见于宋金时代的壁画，如山西高平开化寺宋代壁画，如郑州登封宋墓壁画[29]（图1－7：5、6），那么它是兴起于南，而很快传布南北，成为一种流行样式，并且由宋及元时间延续了很久。入明，便不多见了。

29 《郑州宋金壁画墓》（见注9），图一○七。

图1－7：4银鎏金花
头簪 江西新余罗坊乡
出土

图1－7：5山西高平开化寺宋代壁画

图1－7：6郑州登封宋墓壁画

8 金裹头银脚簪（图1－8：1）

常州北环工地宋墓出土[30]

金簪（图1－8：2）

江西波阳大观三年熊本妻施氏墓出土[31]

30 陈丽华《常州博物馆五十周年典藏丛书·漆木金银器》，页53，文物出版社二〇〇八年。

31 余家栋《江西波阳宋墓》，页286，《考古》一九七七年第四期。墓葬年代为大观三年。本书彩色照片承江西省博物馆提供。

图1－8：1金裹头银脚簪 常州北环工地宋墓出土

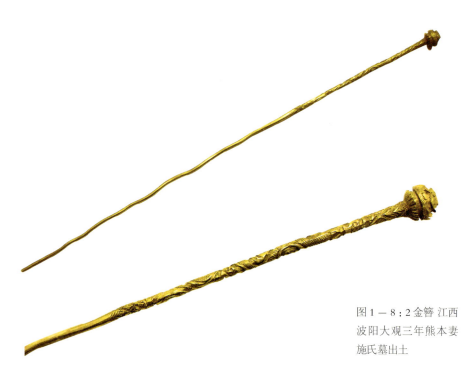

图1－8：2金簪 江西波阳大观三年熊本妻施氏墓出土

女子戴冠是两宋风气。安徽舒城宋墓出土一件银团冠，两侧高起为冠山，中间凹下为山口，正是宋代绘画中最常见到的式样。与银冠同出的是一支"包金银发笄"，简报述其形制云"银质圆球及插杆，球面包金，并雕菊花纹，球径1.4厘米，长26.5厘米"[32]。与舒城金裹头银簪相类的圆首长脚簪，也见于其他宋墓，如常州北环工地宋墓出土的这一支，如江西永新北宋刘沆墓出土的一对（图1－8∶3）。三支簪子制作工艺相同，即簪首用片材做成直径约两厘米的金球，金球下方打作仰莲托座，托座上面的主纹，出自常州者为祥云飞凤，出自永新者为缠枝牡丹，而均于金球底端留出一个圆孔与银脚相接。常州金簪通长18.2厘米，金裹头重16.4克，与金裹头相接的银簪脚光素无纹，重12克。又西安长安区郭杜镇宋墓出土一件所谓"金圆珠形饰"[33]，形制与前面举出的金簪首完全相同，惟仰莲托座的上方打作草

32　舒城县文物管理所《安徽舒城县三里村宋墓的清理》，页49，图版八∶3，《考古》二〇〇五年第一期。

33　西安市文物保护考古所《西安长安区郭杜镇清理的三座宋代李唐王朝后裔家族墓》，封三∶3，《文物》二〇〇八年第六期。

图1－8∶3金裹头银脚簪 江西永新刘沆墓出土

叶纹，则它原来也应是一支金裹头银脚簪，不过失了簪脚（图
1－8：4）。几支金簪虽不是与冠同出，但这一形制的簪子
主要功用确在于固冠，此在同时代的绘画或雕塑中可以看
得很清楚，如郑州登封黑山沟宋壁画墓壁画、白沙宋墓二
号墓墓室壁画，又山西平阳稷山马村金墓砖雕中的女子[34]
（图 1－8：5、6、7）。由图像可知，它是插入冠子之后又
向前探出很长。与前举之例稍有不同，波阳宋熊本妻墓出
土的金簪通体为金制，长 35 厘米，重 38.6 克，簪脚打作龙身，
簪首打作龙头，相接处装饰仰莲托座。不过整个看来，簪
脚的装饰部分其实只占全长的三分之一强，而这一部分正
是要探出冠子之外的。当然此类长簪也可以用来妆点云髻，
这时候它的使用也同于固冠，即如河南荥阳槐西宋代壁画
墓中的女子[35]（图 1－8：8）。

34《郑州宋金壁画墓》
（见注 9），图一一九；宿
白《白沙宋墓》，图版八：
2，文物出版社二〇〇二
年；《平阳金墓砖雕》（见
注 9），图一一八。

35 郑州市文物考古研究
院等《荥阳槐西壁画墓
发掘简报》，封三，《中
原文物》二〇〇八年第
五期。

图 1－8：4 金裹头簪首
西安长安区郭杜镇宋墓出土

图 1－8：5 白沙宋墓二号墓墓室壁画

图 1 − 8 : 6 郑州登封黑山沟宋壁画墓壁画

图 1 − 8 : 7 山西平阳稷山马村金墓砖雕　　图 1 − 8 : 8 河南荥阳槐西宋壁画墓壁画

9 金花头桥梁簪（图 1 − 9：1）

江苏江阴夏港宋墓出土 [36]

　　桥梁簪与桥梁钗同属一类，不过一是下接单独的一支簪脚，一为双股的钗脚。出自夏港的这一支金簪，正面看来，簪梁上是一溜儿五枚造型略如展开之摺叠扇的花头，花头顶面的装饰框内做出两重菱形开光，两重之间纵横镂镂小孔若纱罗，开光之外的四角镂镂折枝桃花，内开光里分别装饰穿花的凤和凰，簇拥着凤和凰的花卉为牡丹和菊花。簪首最宽处 19.2 厘米，每个花头大不盈寸，却特以做工精细而显得分外秀妍。簪首形制与此相同者，也见于江西德安（图 1 − 9：2），又浙江永嘉金银器窖藏。不过多为残件，完好者很少。南京幕府山北宋墓出土的一对金连三式花头簪，或即这一类金银簪子的早期样式 [37]（图 1 − 9：3）。

36 南京博物院《金色江南——江苏古代金器》，页 63，江苏美术出版社二〇〇八年。

37 南京市博物馆《南京幕府山宋墓清理简报》，图版三:2，《文物》一九八二年第三期；按本书照片承南京市博物馆提供。

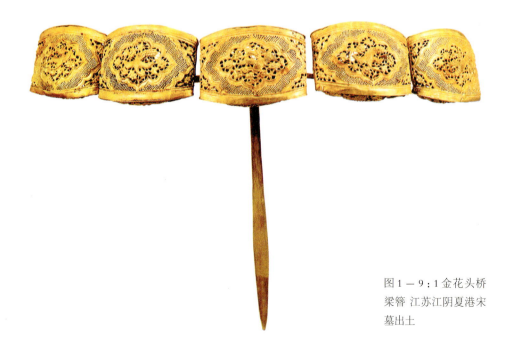

图 1 − 9：1 金花头桥梁簪 江苏江阴夏港宋墓出土

图 1－9：2 银并头式花头簪 江西德安出土　　　　图 1－9：3 金连三式花头簪 南京幕府山宋墓出土

10 银鎏金并头楼阁簪（图 1－10）

浙江永嘉银器窖藏[38]

此簪最初被称作"鎏金银钗"，以后收在《中国金银玻璃珐琅器全集·金银器》第二卷，又称作"银镂空细花锥菱形钗"。所谓"钗"，自应名作"簪"。今细审它的纹样结构，可知簪首的造型是取楼阁之象而加以夸饰和变形，《云仙散录》"脂花馅"条说到端午时节，"以花丝楼阁插鬟"，似可作为定名的一个参考[39]。

银簪的制作过程可约略分作如下几步：一、在两枚极薄的银片上面分别打作用联珠纹勾出的八个几何形边框，再以弦纹把边框分作上下两部：上部便是楼阁的坡顶，下部便是楼阁的门窗。门开两面，前后各一；窗开六面，两侧各三。门与窗乃至屋顶各打作以毬路纹为主的图案。图案与宋李诫《营造法式》卷三二《小木作制度图样》"门窗

图 1 — 10 银鎏金并头楼阁簪 浙江永嘉银器窖藏

格子类"中的各种图式，如"簇六雪华"，"簇六重毬文"，"簇六填华毬文"等两相对照，多很吻合。二、把两枚银片分别折作立体的楼阁，阁顶出尖的部分便成几个尖爪，底端收拢变形为锥体，而留出一个圆孔。三、另取三枚小银片，分别在银片的四边打作联珠纹勾边的纷披的菊花瓣，其中两枚在中心的光素部分剪凿出八个三角形的尖爪；另一枚于中心部分打作菊花心。四、把小银片依次覆在阁顶，预制的尖爪即分别作每一层的固定之用。做出菊花心的一枚居于顶端。五、打制一根银条，把银条两端上弯。再打制一枚银片，下半部做成扁平的簪脚，上半部做成分向左右的两歧，然后把银条放在上面，再分别套入先已制好的两个楼阁底端的圆孔里面。六、取两枚小银片，分别打作与两个簪首图案对应的弦纹，然后包裹在簪首与簪脚的接口处，以使接口不露痕迹。七、簪首鎏金。

同类式样的银簪窖藏所出共五件，最重的一支长 13 厘米，重 16.4 克。可见此式银簪虽纹样繁复，却用材极俭，工艺也并不复杂，而独以"团造镂巧精细"使得它既有玲珑秀巧之致，又不乏腴丽丰盈之态。

11 金麒麟凤凰纹织梭式簪（图 1 - 11 : 1）
南京幕府山北宋墓出土[40]
银鎏金龙穿牡丹纹织梭式簪（图 1 - 11 : 2）
浙江永嘉银器窖藏[41]

造型取式于织梭，正如两汉魏晋时期的金胜取式于织机构件。两簪式样相同，即簪脚趋于窄尖，簪头趋于宽圆，形若一枚织布梭。幕府山金簪簪首一端打作奔行而回首的麒麟，一端打作俯首而低翔的凤凰，披垂的凤尾仿佛流云

40《南京幕府山宋墓清理简报》（见注 37），图版三：3；南京市文化局等《南京文物精华·器物编》，页 228，上海人民美术出版社二〇〇〇年。按两处均称金簪为"龙凤"纹。

41《浙江永嘉发现宋代窖藏银器》（见注 15），图版六：4。

图1－11：1金麒麟凤凰纹搔头式簪 南京幕府山北宋墓出土

托起麒麟的后足，空白处满饰灵芝卷草。簪脚有铭曰"梁四郎囗团造"。长 17.4 厘米，最宽处 2.3 厘米。永嘉银簪簪首纹样却是镂空做，而一鳞一爪，一花一叶，俱见锤鍱之工，因别有轻灵秀逸之韵。簪长 19.5 厘米，最宽处 2.2 厘米，重 11 克。

这种式样的簪主要流行于两宋，后则鲜见。

图 1 — 11：2 银鎏金龙穿牡丹纹搔头式簪 浙江永嘉银器窖藏

12 金花朵纹如意簪（图 1 － 12 : 1）

湖南临澧新合元代金银器窖藏

金花果纹如意簪（图 1 － 12 : 2）

江西新余出土[42]

金花果纹如意簪（图 1 － 12 : 3）

湖南津市元代金银器窖藏

42　照片承江西省博物馆
提供。

图 1 － 12 : 1 金花朵纹
如意簪 湖南临澧新合
元代金银器窖藏

图 1 － 12 : 2 金花果纹
如意簪 江西新余出土

图1－12：3金花果纹
如意簪 湖南津市元代
金银器窖藏

　　如意簪，应是指簪首顶端打一个弯，其弯如耳挖的一种长条形簪子。簪首顶端的弯，此前或被认作耳挖，但所谓的"耳挖"却常常是在簪首顶端作成并头的一对，则它显然不可用作挖耳，其实即便顶端是一个单独的"耳挖勺"，其下繁缛的装饰也使得它难以手持而不便实用，那么依故宫本《碎金》列举的名称对应为"如意"，便很妥当。"如意"之称也很可能本是由挖耳来，即原是对它用途的一种形容，只是两个耳挖做成并头的一对，便止于取其吉祥的意思了。

　　如意簪也常常是成对的。纹样多取瓜果花卉，它带着花卉小品的画意，也有着织染刺绣、特别是宋代流行的各式刺绣领抹纹样的影响和渗透。如意簪最简单的一种，止须一枚金片或银片即可加工而成。若金簪，便是金片顶端做成耳挖式的如意头，其下的装饰部分打作纹样，然后平滑下收，做成簪脚，如临澧新合窖藏中的这一支。稍微复杂一点，簪的装饰带便另以一枚金片打造纹样，复与用作底衬的一枚焊接，出自江西新余的这一枚残件即其例。此外又有并头式。其制作方法是取一枚金片作底，约略中分，上半部剪出两歧，做成一对如意头，下半部则剪作尖叶形的扁平簪脚。然后另取两枚长条形金片作饰片，一片打作一串花朵，一片打作石榴、瓜、荔枝与花朵相间。最后把两枚饰片与衬底的一枚焊接为一，如新合窖藏中的另一支（图1 − 12∶4）。这种做法用材稍多。还有一种是分别打造花果以及与花果相连的枝叶，每个小件都作出相对的两

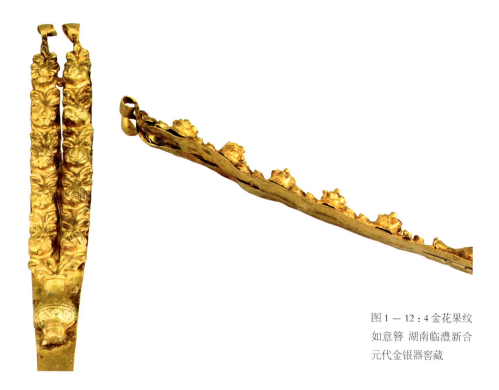

图1 − 12∶4金花果纹如意簪 湖南临澧新合元代金银器窖藏

个孔，然后用细丝依次从花果的小孔中牵出，再挽出螺旋，最后整体焊接在底片上。如出自津市窖藏的这一支。其簪首原为一对如意头，不过稍稍残断。此例也见于临澧新合，而由益阳八字哨窖藏中的一组残件，更可以把各个小部件看得很清楚（图 1 — 12：5）。

图 1 — 12：5 金花果纹如意簪残件 湖南益阳八字哨元代银器窖藏

43《浙江永嘉发现宋代窖藏银器》（见注 15），图版六：2。

13 银鎏金摩竭衔花如意簪（图 1 — 13：1）

浙江永嘉银器窖藏[43]

金海水蛟龙纹如意簪（图 1 — 13：2）

湖南株洲攸县丫江桥金银器窖藏

永嘉金簪通长近三十厘米，簪脚上端打作圆雕式的摩竭，——其实它是摩竭与龙的结合，向上翻起的长鼻是摩竭的主要特征，头顶又有如龙一般的长角。摩竭口衔折枝牡丹而送出如意簪首。簪首纹样镂空作，由残存之部可以

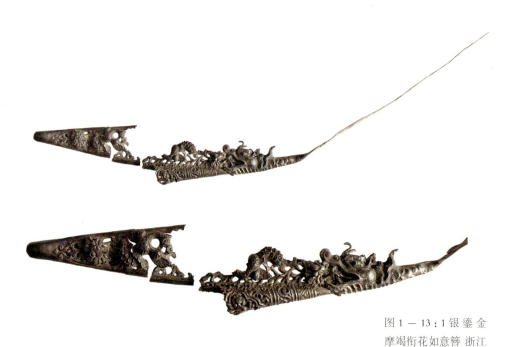

图 1 — 13：1 银 鎏 金
摩竭衔花如意簪 浙江
永嘉银器窖藏

图1－13：2金海水蛟龙纹如意簪 湖南株洲攸县丫江桥金银器窖藏

44 关于蛟龙，尚有他说，如《山海经》卷五云觊水多蛟，郭璞注："似蛇而四脚，小头细颈，（颈）有白瘿，大者十数围，卵如一二石瓮，能吞人。"但似为后世的装饰纹样所不取。

见出是花丛中俯仰对舞的两只孔雀。簪脚有铭曰"定安"。

丫江桥的一支，乃以一枚金片作底而分作簪首和簪脚两个部分，簪首之部的顶端为一对如意头，两翼雕錾出两溜腾起水花的海浪，然后分别折上去作成主题纹样的衬景。另以两枚金片打作一对蛟龙的两个侧面，合拢为一之后焊接在底片上，蛟龙的长尾之端各顶一颗火珠，其一把火珠尾卷向中心。——玄应《一切经音义》卷一九：蛟龙，"梵言宫毗罗，其状鱼身如蛇，尾有珠"[44]。

14 金镂空花筒簪（图1－14）

南京幕府山北宋墓出土[45]

45《南京幕府山宋墓清理简报》（见注37），图版三：3（左）;《南京文物精华·器物编》（见注40），页227。

镂空花筒簪也属于新创的宋式簪，这一支是制作精好又保存完整的一例。它在一枚金片上镂镂、打造六道用联珠纹双钩出来的缠枝卷草，两边以联珠纹组成的双线勾勒纹样边框，然后合作锥形筒。另以一枚金片打作六朵灵芝环绕的盘龙扣合在簪顶。它类似于花筒簪，却更以镂镂之工而见长。这一类样式的金银簪也见于浙江永嘉银器窖藏，又江西吉安、进贤、新余等地。从发现的情况来看，其流行似止于元代后期。王桢《农书·农器图谱集之七》所列各事中有"通簪"一项，或可见出此类镂空簪子的功用。他说：通簪，"贯发虚簪也，一名气筒。以鹿角梢尖作之（如无鹿角，以竹木代之，或大翎筒亦可），长可三寸余，筒之周围横穿小窍数处，使俱相通，故曰通簪。田夫田妇暑日之下折腰俯首，气腾汗出，其发髻蒸郁，得贯此簪一二以通风气，自然爽快。夫物虽微末，而有利人之效，甚可爱也"。鹿角竹木制作的通簪与金银制品自然相去悬殊，劳人草草和燕燕居息者也是完全不同的两种生活，不过簪子的用法或不无相通之处。

图 1 — 14 金镂空花筒簪 南京幕府山北宋墓出土

15 银花钿式簪（图 1 — 15：1、2）

浙江永嘉银器窖藏[46]

作为首饰的花钿原是一种独立的饰件，六朝即已出现，流行直到唐宋。它多是制成花形，金珠沿边勾勒为花的轮廓，花托里嵌绿松石。温庭筠《归国谣》"翠凤宝钗垂𩭿𩭿。钿筐交胜金粟"[47]，"钿筐"、"金粟"，即指金工。钿的实物也很常见，如西安东郊唐金乡县主墓[48]（图 1 — 15：3），又河南偃师杏园唐李景由墓所出[49]。而钿与钗的结合则成为唐式钗的主要样式之一。湖北安陆县唐吴王妃杨氏墓出土的一对金钗，通长 19.3 厘米，钗首是一朵宝相花，层层花

46《浙江永嘉发现宋代窖藏银器》（见注 15），页 83，图三。

47 曾昭岷等《全唐五代词》，上册，页 108，中华书局一九九九年。

48 西安市文物保护考古所等《唐金乡县主墓》，图一二一，文物出版社二〇〇二年。又陕西礼泉县唐新城长公主墓出土的鎏金铜花钿，形制与此相同，陕西省考古研究所等《唐新城长公主墓发掘报告》，页 63，图五六：1，科学出版社二〇〇四年。

49 中国社会科学院考古研究所《偃师杏园唐墓》，页 129，彩版四：2，科学出版社二〇〇一年。

图 1 — 15 : 1 银花钿式簪
浙江永嘉银器窖藏

图 1 — 15 : 2 银花钿式簪
浙江永嘉银器窖藏

图 1－15：3 金钿
西安东郊唐金乡县主墓

图 1－15：4 金嵌宝
钿头钗子 湖北安陆县
唐吴王妃杨氏墓出土

瓣上作出一个个嵌宝的小圆托，出土时若干圆托里嵌物尚
存。钗首背面设扁管，钗梁顶端的一个凸榫即插入其中[50]
（图 1－15：4）。后唐马缟《中华古今注》卷中"钗子"
条说隋炀帝时"宫人插钿头钗子"，应即此类。

　　永嘉窖藏三支银簪的簪首纹样，便是若干花钿的相连

50 孝感地区博物馆等
《安陆王子山唐吴王妃杨
氏墓》，图版五：1，《文
物》一九八五年第二期。
承孝感博物馆提供方便，
得以观摩及拍照，这里的
叙述即抚看实物之所得。

而成为 16 厘米长的一道弯弧，"金筐"、"金粟"则演变为
联珠纹边框，牡丹、菊花，花叶、边框，均系打造而成。
一根银条通贯于簪首之背成为横梁。垂直后伸的扁平簪脚
接焊于横梁中央。从形制来看，它应是用作正面插戴，即
如宋人《搜山图》中的女子形象（图 1 — 15：5）。明代装
饰于"发鼓"之下的"花钿"也是在此基础上的发展而又
有新的创造。

图 1 — 15：5《搜山图》
局部 故宫藏

16 银鎏金荔枝簪簪首（图 1 - 16：1）

湖南攸县槚山乡止步前村出土

金荔枝簪（图 1 - 16：2）

湖南临澧新合元代金银器窖藏

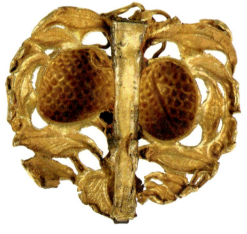

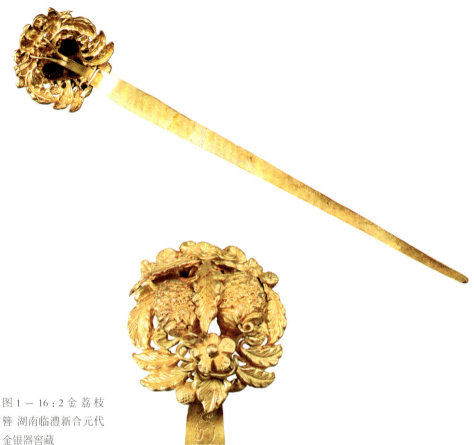

图 1 — 16 : 2 金 荔 枝
簪 湖南临澧新合元代
金银器窖藏

　　荔枝簪和瓜头簪的流行均始于元，这一类簪子的造型
与纹样构图多有画意，——瓜与荔枝原都是宋代院画花卉
蔬果小品中的常见题材。

　　荔枝图案北宋时候即用于金带铐，却是"御仙花"的
简略形式。欧阳修《归田录》卷二："太宗尝曰：'玉不离
石，犀不离角，可贵者惟金也。'乃创为金铐之制以赐群臣，
方团毬路以赐两府，御仙花以赐学士以上。今俗谓毬路为
'笏头'，御仙花为'荔枝'，皆失其本号也。"所谓"两府"，
即中书省、枢密院，是北宋前期国家最高政务机构。以后
在制作上把御仙花改易为荔枝，真正的原因却是样式与工

艺的"务为新巧"。南宋吴曾《能改斋漫录》卷一三"赐服带"条云："近年赐带者多，匠者务为新巧，遂以御仙花枝叶稍繁，改钑荔枝，而叶极省。"由分别出自南宋朱晞颜墓和北宋郭知章墓的两副带铐，正可见出御仙花与荔枝之别[51]（图1-16：3、4）。然而荔枝簪钗的设计构思也许还别有来源。蔡襄《荔枝谱》名品有"双髻小荔枝"，《谱》曰："每朵数十，皆并蒂双头。"又有"钗头颗"，"红而小，可间妇人女子簪翘之侧，故特贵之"。《全芳备祖·果部》卷一"荔支"项下蒐录时人隽句云"天与蹙罗装宝髻"（黄山谷）；"相见任夸双蒂美，多情莫唱水晶丸"（刘贡父）[52]，是元代的荔枝簪先已酝酿于宋人的歌诗赋笔。

　　元代的金银荔枝簪通常是用一枚片材打作有若浮雕一般的图案，一对荔枝安排在中央，周围有花，有叶，又或者用一枚叶子搭在两颗荔枝中间。攸县槚山乡止步前村的这一支银鎏金荔枝簪，簪首双果欹侧相依，枝条随风舒卷，尤见银匠锤錾下所存粉本的写生之趣。元康端《西湖竹枝词》"合欢钗头双荔支，同心结得能几时"，正道得纹样寄寓的两情相悦之意。从簪首背面所存簪脚装置来看，可以推知所失是一柄银簪脚。新合金簪的纹样布置则显得更加图案化，尤其是四角均匀安排的四枚小荔枝。簪脚的装置与前例不同，但也是元式簪子经常使用的一种。

51 此承安徽博物院程露同道提示，照片系参观所摄。

52 前句摘自黄庭坚《次韵任道〈食荔支有感〉三首》之三；后句摘自刘攽《戏答惠荔子》。按荔枝入诗，也入画，自然也纳入士人清赏。宋张即之《上问尊堂太安人尺牍》所用研花笺，便是交柯密叶垂实累累的荔枝图。例见何炎泉《宋代花笺特展》图录），页59，台北故宫博物院二〇一七年。

图1-16：3 御仙花金带铐 安徽休宁南宋朱晞颜墓出土

图1-16：4 银鎏金带铐 江西遂昌县北宋郭知章墓出土

17 金瓜头簪（图1－17∶1）

金瓜头簪（图1－17∶2）

湖南临澧新合元代金银器窖藏

金瓜头簪（图1－17∶3）

湖南石门县新铺乡出土

图1－17∶1 金瓜头簪
湖南临澧新合元代金
银器窖藏

图 1 — 17：2 金瓜头
簪 湖南临澧新合元代
金银器窖藏

图 1 — 17：3 金瓜头
簪 湖南石门县新铺乡
出土

银荔枝瓜实并头簪（图 1 – 17：4）

湖南株洲堂市乡元代银器窖藏

　　瓜是雅俗、也是南北共赏的题材。所谓"瓜"，自古以来是指甘瓜、果瓜，亦即甜瓜，虽然在辽墓壁画里已经出现了放在果盘上面的西瓜，但它是描绘生活场景，作为装饰题材，甘瓜几乎是一枝独秀的。

图 1 – 17：4 银荔枝瓜实并头簪 湖南株洲堂市乡元代银器窖藏

　　瓜有不少很好的意思，《诗·大雅·绵》的起兴之句"瓜瓞绵绵"自然历史最悠久。晋宗懔《荆楚岁时记》述七月七日事曰：是夕，人家妇女"或以金银鍮石为针，陈瓜果于庭中以乞巧，有喜子网于瓜上，则以为符应"。作为节令风物，这意思亦自讨喜。它花开金黄，叶生如掌，长蔓逶迤，结实又是天然的好样范，也颇宜入画图。宋吴淑《事类赋注》卷二七《果部》"瓜"条曰"伊甘瓜之珍果，熟朱夏之芳时。布密叶之繁茂，引长蔓之逶迤"；"香浮七夕"，"主于织女"，正道着它的诸般好处。"香浮七夕"，即前引《荆楚岁时记》中的七夕故事。"织女"，指织女星。《史记·天官书》云"织女，天女孙也"，〈正义〉说它"主果蓏丝帛珍宝"。故宫藏一件金代的绿釉《咏瓜》诗文枕，枕面《咏瓜》诗云："绿叶追风长，黄花向日开。香因风里得，甜向苦中来。"[53] 瓜之教人喜爱，这二十字赞也赞得极是。

　　瓜是宋代院画写生小品中的常见题材，如《草虫瓜实》，《螽斯绵瓞》，《秋瓜图》，等等。不过这时候取用的尚不是吉祥寓意，而只是它的田园趣味。作为器具上面的装饰纹样，瓜在辽代已用于铜镜。两宋祝寿风气大兴，金银酒器因取瓜为劝杯造型，以寓"瓜瓞绵绵"之意。金银簪子取作图案而做成瓜头簪首，乃流行于元，延续至明，其构图似乎很受了绘画的影响。而瓜所具有的种种意味和风趣，大约都已凝聚此中。

　　元代的瓜头簪子就样式而言，大致有三类。第一类，簪首造型如瓜。瓜花一朵开在中央，此外半个大瓜，头顶小花的一对瓜瓞，如掌的一枚老叶，两向披垂的一对嫩叶，又一对卷曲的瓜须，各个对称布置在上下左右。瓜棱的凸起处以曲曲弯弯的虚线细錾筋脉，下凹处以锥点纹加强明暗对比。

53 故宫博物院古陶瓷研究中心《故宫博物院藏中国古代窑址标本·河北卷》，紫禁城出版社二〇〇六年。按《河南通志》卷七〇记金马丹阳故事曰："相传丹阳遇童子食瓜自蒂，怪而问之，答曰：'香从鼻里出，甜向苦中来。'豁然惊悟，遂于此修道成真。"

图1—17：5 金瓜头
簪 内蒙古乌兰察布市
察右前旗土城子出土

图1—17：6 金瓜头
银脚簪 赤峰敖汉旗四
家子镇南大城出土

54《道出物外——中国
北方草原丝绸之路》，图
四二，香港大学美术博
物馆二〇〇七年，图版
说明称作"牡丹纹金簪"；
《赤峰金银器》（见注
13），页190，图版说明
称作"石榴纹金首银簪"。

虽非工笔设色，却以一锤一錾刻画微
至，很有院画小品的写生之趣。

第二类，构图与第一类相同，却
是"像生"的做法。即用镂镂和打造
工艺把瓜与花与叶做成半立体的样子，
一茎瓜蔓也是"像生"，——金丝一根
自后向前穿过来，一面藉此完成簪首
与簪脚的固定，一面高高探出，且变
细变尖，成为随风飘起瓜须。湖南临
澧新合元代金银器窖藏中的几支金瓜
头簪，可以为以上两类之例。

第三类，簪首采用团窠式构图，
瓜叶与花与蔓与瓜瓞穿插安排做成环
抱的装饰带，中间一对瓜实成为主图，
两瓜之间一片铺展开来的老叶，整个
图案看起来便不分上下左右。出自湖
南石门县新铺乡的一件金瓜头簪可作
此类之例，惟簪脚已失。

蹊径既具，规摹不难。基本图式
之外，因又有不少略加变化的纹样。
如内蒙古乌兰察布市察右前旗土城子
出土的一支金瓜头簪（图1—17：5），
又赤峰敖汉旗四家子镇南大城出土的
一支金瓜头银脚簪54（图1—17：6）。
后者把三朵瓜花安排在簪首的主要位
置，瓜实一枚为花所簇拥而位于图案
之端，簪脚的装置方法则与临澧新合

窖藏中的一支金瓜头银脚簪相同。此外有出自湖南株洲堂市乡元代银器窖藏的这一支银荔枝瓜实并头簪，是稍加组合，又成一式，——其实是瓜头簪与荔枝簪的合一。

以上举出的各式簪子，簪脚之形均为扁平，末端收细成尖，顶端依与簪首固结方式的不同而有不同的处理方法，或修细一节，然后打一个卷，或如前面所举，由顶端作出的两歧再拉出两根细丝，然后从簪首背面的花样镂空处探出，以为正面图案里一对盘旋的细蔓。从已经刊布的发现来看，这种做法以元代为多。

18 金环耳瓜棱瓶顶锥脚簪（图 1 − 18 : 1）
湖南沅陵元黄氏夫妇墓出土
金瓜果纹顶锥脚簪（图 1 − 18 : 2）
湖南华容县城关油厂元墓出土

宋元时代又有一种簪首式样简单而簪脚做成尖锥形的小簪子，对照故宫本《碎金》列出的各种名称，它应属于"顶针、挑针"之类。江西德安桃源山南宋周氏墓出土一支银鎏金环耳瓜棱瓶顶锥脚簪[55]，与沅陵元黄氏夫妇墓出土的这一支样式几乎完全相同，前者长 13 厘米，后者长 14.5 厘米，两支均为尖锥式簪脚，簪首打作一只瓜棱式小瓶，小瓶两肩各焊接一个小系，系下衔环，一支簪脚插到空心小瓶的底端。临澧柏枝乡南宋银器窖藏中有与此两例同式的一支银花瓶顶锥脚簪，惟花瓶做成胆瓶式。

55 周迪人等《德安南宋周氏墓》，页 7，图一，江西人民出版社一九九九年。

图 1 − 18 : 1 金环耳瓜棱瓶顶锥脚簪 湖南沅陵元黄氏夫妇墓出土

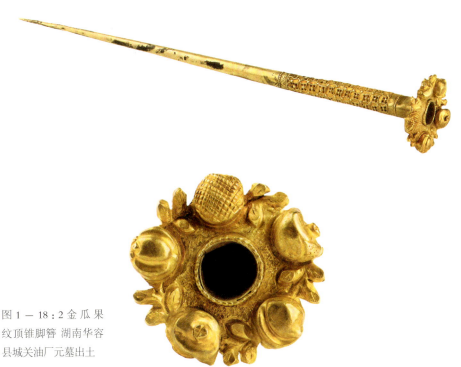

图 1 − 18 : 2 金瓜果纹顶锥脚簪 湖南华容县城关油厂元墓出土

　　瓜果纹顶锥脚簪的做法与花筒钗约略相同，即也是用片材打造纹样，然后卷作锥形筒，不过更细更长，顶端箍一枚扁环，环表打作五果：荔枝、柿子、桃、石榴、瓜。通长 15 厘米，重六克。

　　挑针、顶针的所谓"挑"和"顶"，原指用途和插戴位置，这一类装饰相对简单的小簪子可以称之为一副头面中簪钗之部的"配角"，簪戴之外，梳妆的时候也兼作分发、挑发之用。《朴通事谚解·上》中提到男子篦头时用着的挑针与这里的挑针有相似之处[56]，不过此是女子首饰，彼则纯为工具，虽相近，形制却有不同。

第二节　凤钗与凤簪

19 金凤簪（图 1 - 19：1）

江苏涟水妙通塔宋代地宫出土[57]

金摩竭托凤簪（图 1 - 19：2）

湖南临澧新合元代金银器窖藏

故宫本《碎金·服饰篇》"首饰·北"项下列出的一个
名称是"凤钗"，其实这里该是包括了凤簪的。宋元诗词戏
曲中出现更多的是"金凤钗"，如"枕损钗头凤"；"宝钗金
凤翘"；"翡翠裙低，凤凰钗重"[58]，等等。在当时人的眼中
口中它差不多可以作为簪钗的代指，而凤凰作为主题纹样
原也是簪钗共用。

图 1 - 19：1 金凤簪
江苏涟水妙通塔宋代
地宫出土

57　淮安市博物馆等《江
苏涟水妙通塔宋代地
宫》，封面，《文物》二
〇〇八年第八期。按简
报称之为"金钗"。

58　李清照《蝶恋花》，
唐圭璋《全宋词》，册
二，页 929，中华书
局一九六五年；贯云
石〔南吕〕《金字经》，
《全元散曲》，页 362；
张鸣善〔中吕〕《粉蝶
儿·醉春风》，同前，
页 1284。

图 1 — 19 : 2 金摩竭
托凤簪 湖南临澧新合
元代金银器窖藏

　　涟水妙通塔是为瘗藏证因大师舍利而建，证因骨灰安葬于北宋治平四年，金凤簪或即此时施舍于内以为供养。今存之部长 4.7 厘米，重 8.3 克。金簪的造型极力突出颈羽贲张的凤首，凤颈弯折过来顺势成为管状的凤身，两侧接一对小小的翅膀，推测凤身之内当是另外安置一柄银簪脚。——山东栖霞慕家店宋墓出土一支金龙玉凤银脚簪[59]，可为一证。金簪式样与今藏台北故宫博物院的宋人《招凉仕女图》中用作固冠的一支凤簪也十分相似（图 1 — 19:3），当然金簪更有着画笔未及处各个细部的刻划微至。北宋金银饰品发现得很少，这是难得的一个佳例。而图中这一位女子戴着的高冠，似即百爵斋本《碎金》列举女服"冠梳"

59 栖霞县文化馆《山东栖霞慕家店宋墓》，页 175，图一，文物资料丛刊·10，文物出版社一九八七年。

图 1 — 19:3《招凉仕女图》局部 台北故宫博物院藏

一项中的四直如意冠。

　　就目前的发现情况来看，元代的凤凰钗簪远多于宋，并且以金质为常。一种是辽金已有的造型，即祥云上端立一只舞凤。通常是用两枚金片分别打造成形，然后扣合到一处。有时翅膀也是分制，之后再粘缀、插合。凤凰长颈上的披羽总是飞扬起来显得很夸张，而使整个造型见出动势，临澧新合窖藏中的七件金凤簪是一组很好的例子，金摩竭托凤簪则是其中比较有特色的一对，即凤凰脚下不是踏一朵祥云，却是由摩竭鱼把它托起来。摩竭原是古印度的一种流行纹样[60]，以后传入中土，唐代和辽代的金银器、陶瓷器等常把它组织到各式纹样里，又或径取其式作为器物造型，不过摩竭与凤凰的组合似乎不很常见。此例之外，又见于沅陵元黄氏夫妇墓出土的一支金摩竭托玉凤簪。摩竭头上做出两只像龙一样的长角，而正好用来与凤首系连，二者的造型因此也更为和谐（图 1 — 19：4）。

60 岑蕊《摩竭纹考略》，页 78，《文物》一九八三年第十期。

图 1 — 19：4 金摩竭托玉凤簪 湖南沅陵元黄氏夫妇墓出土

元散曲中还提到一类装饰之部为双凤的簪钗，是所谓"交股钗袅双头凤翘"，又"双凤头金钗"[61]。实物则有元代的双凤头金簪，如湖南石门新铺乡出土的一支，簪首系以朵云为台，一对鸾鸟依偎其上（图1－19：5）。山西灵丘曲回寺遗址元代金器窖藏中的一支金簪首，为双凤衔花偕立于如意云端，与前者工艺相近而制作为精，造型也更具风神，"袅双头凤翘"的一个"袅"字，适由它来表其神韵（图1－19：6）。据云窖藏原是拖雷之女独木干公主施舍曲回寺之物[62]。

61 汤式〔南吕〕《一枝花·赠教坊珠丽》"缕金环嵌八颗蝌珠。交股钗袅双头凤翘"；《全元散曲》，页1504。无名氏〔双调〕《阿纳忽》"双凤头金钗。一虎口罗鞋。天然海棠颜色。宜唱那阿纳忽修来"。同前，页1766。

62 李白军《曲回寺金银器考释》，页6，图五，《文物世界》二〇〇四年第四期。

图1－19：5 金并头鸾鸟簪 湖南石门新铺乡出土

图1－19：6 金双凤衔花簪首 山西灵丘曲回寺遗址出土

20 银凤衔花结簪（图1－20：1）

湖南石门雁池乡元代银器窖藏

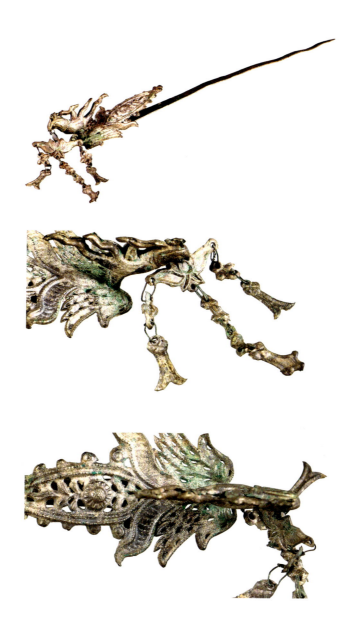

图1－20：1 银凤衔
花结簪 湖南石门雁池
乡元代银器窖藏

　　凤簪的另一种做法是立体与平面造型的结合，即把凤
凰的尾羽和双翼铺展开来做成托起凤身的平台，而平面造
型的这一部分止须以一枚银片打造纹样即可。然后用另外
两枚银片打造成形合作凤身焊接在凤凰的两翼之间，再把
簪脚接在底部。石门雁池乡窖藏中的几支银凤簪都是这一
种式样。由出自湖南常德桃源的一枚残件可以见出它的结
构（图1－20：2）。雁池乡的几支凤口均衔一挂缀饰，元
曲所谓"鸾钗插花枝蹀躞，凤翘悬珠翠玲珑"[63]，便是此

63　于伯渊〔仙吕〕《点绛唇》，《全元散曲》，页313。

图1－20：2金凤簪残件 湖南常德桃源县文物管理所藏

类。其中一件总束缀饰的云题是一朵莲花，花瓣尖的三个小孔下缀着三溜花结，——这一造型可以认为是从唐以来的鸾、雁衔绶而来。陕西临境北河村出土一支金凤钗，便是口衔绣毬花结，不过是把花结与凤足下的祥云连做（图1－20：3）。此为金代物。雁池乡凤簪中的另一件凤口所衔即为绣毬花结，花结下缀双鱼。与银凤簪同出的有一件"至正十三年"银盘，可作这几支银簪时代的参考。

图1－20：3金凤钗
陕西临境北河村出土

21金凤钗（图1－21：1）
湖南临澧新合元代金银器窖藏

金凤银脚钗（图1－21：2）
湖南张家界元代金银器窖藏

与以上两类不同的又有一种是完全的平面造型，依然是用打造的办法，打造成型之后再细施毛雕，不过两枚金

图 1 — 21∶1 金凤钗
湖南临澧新合元代金
银器窖藏

片只有一枚作装饰，另外的一枚用作衬底，如临澧新合窖藏中的这一支金凤钗。饰片上面打造成形的凤凰舒展开翅膀和尾羽使钗首趋于圆形，长颈弯向一侧衔住左侧的翅膀，与抬起的右脚配合得自然而又显出妩媚，脚下的几朵祥云也顺势成为边缘的装饰。衬底的一枚金片不作装饰，只是镞镂出与饰片一致的纹样轮廓，一支钗脚至下半段方分作两股，上面的一节打作扁平的片状，与衬片焊接在一起。钗连脚长 14 厘米，重 15 克。

出自张家界的一支与新合金凤钗相似，不过彼为秀逸，此为雄俊。凤尾做成折枝花而与两朵流云相连勾出半个圆弧，连钗脚长 13.6 厘米，重 9.82 克。

图 1 — 21：2 金凤银脚钗 湖南张家界元代金银器窖藏

这一造型也见于玉制品。安徽嘉山县板桥陇西恭献王李贞夫妇墓出土两枚玉凤凰，姿容与湖南之例极为相似，只是碾琢未可称精。两枚一大一小，却正是两相呼应的一凤一凰，那么该是算作一对的。背后应有脚，已失，因不知是簪是钗（图1－21：3）。此为李贞夫人佛女之物。佛女乃朱元璋二姊，卒于元末（至正十年），洪武初年追封"曹国长公主"，则玉凤凰系元代物[64]。

64 大 件 长 3.98 厘 米，小件长 2.83 厘米。安徽省文物事业管理局《安徽藏珍》，图二三〇，中华书局二〇〇八年。关于佛女生卒年的考证，见夏玉润《一位鲜为人知的"驸马"——朱元璋的二姐夫李贞》（上），页 31，《紫禁城》二〇一一年第四期。

图 1 － 21：3 玉 凤 凰
安徽嘉山李贞夫妇墓
出土

22 金桃花山茶双鸾纹银脚簪（图 1 － 22：1）

湖南攸县丫江桥元代金银器窖藏

金麒麟凤凰簪（图 1 － 22：2）

湖南临澧新合元代金银器窖藏

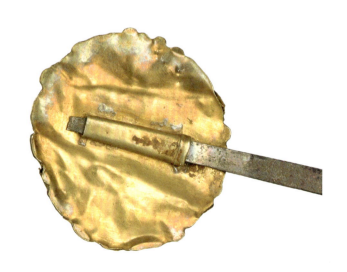

图 1 – 22：1 金桃花
山茶双鸾纹银脚簪 湖
南攸县丫江桥元代金
银器窖藏

图1—22:2 金麒麟
凤凰簪 湖南临澧新合
元代金银器窖藏

可以代表样式之四的一例，为攸县丫江桥窖藏中的一支金桃花山茶双鸾纹银脚簪。簪首也是两枚鎏金银片合成，不过衬片只是实地子，不再镂镂与饰片一致的纹样轮廓。饰片以双鸾的一俯一仰抱合为团窠式的造型，一边是折枝山茶，一边是折枝桃花，以是把空间填满。衬片背面焊接一个扁管，一支银簪脚插在里边。簪连脚长 16.7 厘米，重 11.6 克。它的纹样制作浅深高低处理得极有层次，因此见出明暗，看去竟像是高浮雕，尤其见出打造的功夫。如将此簪与同时代的漆器相对看，——比如日本兴临院藏一件元代剔红山茶双鸟纹盘[65]（图 1－22：3），又不仅可见二者纹样相类，甚至金簪所呈现的浮雕式效果与剔红漆盘也是近似的，虽然本是完全不同的两种工艺。至于鸾鸟与凤凰之别，可以李诚《营造法式》卷三三"彩画制度图样"所绘"凤凰"与"鸾"二图为据。

65《海外遗珍·漆器》，图五五，台北故宫博物院一九八七年。

图 1－22：3 剔红山茶双鸟纹盘 日本兴临院藏

出自新合窖藏的金簪，簪首只用了一枚做成花叶形的
金片镟镂打造装饰纹样。两道联珠纹勾出的边框里，下方
一只麒麟踩着云朵右奔而回首，上方一只凤凰穿过流云左
飞而下顾，凤凰的尾羽披垂下来划作轻柔的圆弧，正好把
图案抱拢。一支簪脚用三根金丝从背后穿到前面的边缘处
与簪首固定。金簪连脚长 15 厘米，重 17.4 克。类似的构
图又见于元青花，如《元代青花瓷》中著录的一件麒麟凤
凰纹四系扁瓶[66]（图 1 − 22：4）。它也是流行的刺绣纹饰，

66 朱裕平《元代青花
瓷》，页 141，文汇出版
社二〇〇〇年。

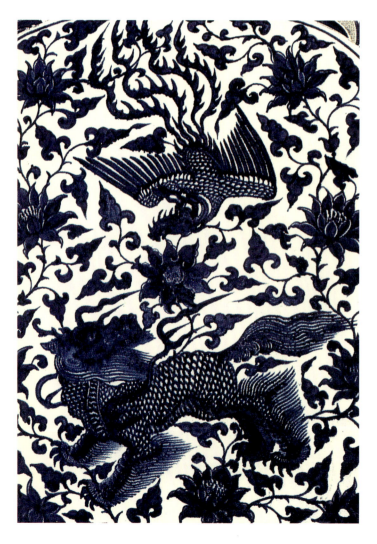

图 1 − 22：4 青花麒麟
凤凰纹四系扁瓶纹饰

67 高安道〔般涉调〕《哨遍·皮匠说谎》，《全元散曲》，页 1113。

元人述及皮靴上面的绣样云"凤麒麟钩绊着缝"[67]，正是形容得亲切。而这一图式的成熟形态早已见于宋代，如前举南京幕府山宋墓出土的一支金麒麟凤凰纹搔头式簪（图 1－11：1）。两相比较，可见新合金簪与它的图案构成几乎完全相同，惟以簪子的造型见出时代特色。

凤簪团窠式造型的来源似可追溯到辽，如内蒙古奈曼旗辽陈国公主墓出土驸马所戴鎏金银冠上面系坠的凤鸟纹银饰片（图 1－22：5）。宋金时代的各种工艺品也常见这样的构图，如北京金代皇陵出土太祖皇后石椁上面的团凤

图 1－22：5 鎏金银冠凤鸟纹银饰片 内蒙古奈曼旗辽陈国公主墓出土

纹[68]（图1－22：6），如出自成都羊子山的宋代团凤纹铜镜[69]（图1－22：7）。更有元代特色的造型则是团窠之变体，即花叶式和滴珠式，如故宫藏元代红地团龙凤龟背纹纳石失[70]（图1－22：8）。而双凤合抱式团窠，元人又或以"倒凤颠鸾"为形容而赋予它两情谐好之寓意[71]。

68 北京市文物研究所《北京金代皇陵》，页78，图四二，文物出版社二〇〇六年。

69《四川出土铜镜》图六〇，文物出版社一九六〇年。

70《中国织绣服饰全集·织染卷》（见注27），图三二〇。

71 如元好问《赠答张教授仲文》"倒凤颠鸾金粟尺，裁断琼绡三万匹"。金粟尺，典出杜甫"越罗蜀锦金粟尺"。

图1－22：6 团凤纹石椁 北京金代皇陵出土

图1－22：8 纳石失纹样（王乐摹）故宫藏

图1－22：7 团凤纹铜镜 成都羊子山出土

第三节 几种式样别致的簪钗

23 金满池娇荷叶簪（图 1 － 23：1）
湖南临澧新合元代金银器窖藏

银满池娇荷叶簪（图 1 － 23：2）
湖南益阳八字哨元代银器窖藏

银鎏金满池娇纹簪（图 1 － 23：3）
湖南攸县桃水镇褚家桥元代银器窖藏

图 1 － 23：1 金满池
娇荷叶簪 湖南临澧新
合元代金银器窖藏

图 1 — 23 : 2 银 满 池
娇荷叶簪 湖南益阳八
字哨元代银器窖藏

图 1 — 23 : 3 银 鎏 金
满池娇纹簪 湖南攸县
桃水镇元代银器窖藏

荷叶簪是元簪的典型式样之一，武汉周家田元墓、河北涿州元代壁画墓均有出土，前者为金玉合璧（图1—23：4），后者为铜[72]。新合金簪的簪首是一枚舒展开来的荷叶，上面打作联珠纹式的细脉。用小薄片打作成形的两只戏水鸳鸯，一对鹭鸶，一尾游鱼，一只龟，一只蛙，又纷披的水藻，慈姑叶，随风翻卷而下覆的荷叶，分别以其下部短金丝作成的小撑焊接在荷叶上，而成一幅池塘小景。扁平的一支簪脚焊接在荷叶背，簪脚錾刻折枝莲花。簪长14.4厘米，重15.7克。益阳八字哨银簪的形制与它大致相同。

72《黄陂县周家田元墓》（见注20），页84，图七，本书彩色照片承武汉市博物馆提供；河北省文物研究所等《河北涿州元代壁画墓》，页54，图三一，《文物》二〇〇四年第三期。

图1—23：4 金穿玉满池娇荷叶簪 武汉周家田元墓出土

荷叶内心的一枝莲花，莲花旁边的一对鸳鸯，也都是别以小银片打造成形，同时在每个小件的一侧作出极细的小撑，然后一一穿入荷叶上面预先留出的三个小细孔，再于背后点焊。簪脚扁平，两端尖细，顶端弯作一个卷，然后焊接于荷叶背。

以满池娇为题材的另一种式样是把纹样图案化，即如出自桃水镇的这一支银鎏金满池娇纹簪。簪首依然是一幅荷塘小景，两道联珠纹勾出的花叶形边框里，用中心的一枚风卷荷叶，又边缘处的两枝慈姑叶和叶边涌起的小水泡点明主题，荷叶的上下左右是一对反向而开的并蒂莲和飞起的一对水禽。簪通长 16.4 厘米，重 12.7 克。

与瓜头簪和荔枝簪相似，元代荷叶簪的图案设计与绘画也很有关联。台北故宫博物院藏一幅《太液荷风》，绘微风起处的一片荷塘，荷叶下对对戏水的鸳鸯（图 1 — 23：5）。《宋代书画册页名品特展》图版说明云：此幅旧传冯大有作，冯乃文简公冯京之族孙，其活动年代大约已入南宋。"纵观花鸟画史，莲塘题材之发展有其历史渊源，与佛教传来也有重要的关系。佛经提到优美的净土境地，都以七宝

图 1 — 23：5《太液荷风》局部 台北故宫博物院藏

池、八宝水，莲花朵朵，并有飞鸟水禽来描写其境。敦煌的唐代净土变壁画，即可见到不少莲塘水鸟的画例，三彩陶也能见到一些荷鸭之作。北宋艺术蓬勃发展，佛教影响力不及唐代，但喜好莲塘水鸟之传统仍盛，除绘画外，定窑、磁州窑等之陶瓷，也常以荷花水鸟为纹饰"[73]。曰莲塘题材与佛经中的七宝池、八宝水有渊源关系，正是一个很好的意见。在敦煌壁画中，莲塘水禽的图式西魏即已出现，其图式之源，可追索到犍陀罗艺术。作为装饰纹样，除了此则说明提到的瓷器之外，莲塘纹也见于其他工艺品，而别有名称曰"满池娇"，或冠名于簪钗式样，或冠名于织绣纹样。南宋诗人舒岳祥有《金线草》一首，句云"袅袅蜻蜓菡萏枝"，其下自注："旧时都下花工……作小荷叶，名满池娇，则缀以蜻蜓、茄叶之类浮动其上"[74]。吴自牧《梦粱录》卷一三胪举杭城夜市中出售的各式物品，所谓"挑纱荷花满池娇背心儿"[75]，即是也。莲塘小景在两宋诗词中多为寄托情思的绮语，如晏殊《雨中花》"一对鸳鸯眠未足，叶下长相守"；如曹勋《遗所思》"思君无所遗，宝带双鸳鸯。鸳鸯不相失，锦翼游方塘。副之玟瑶簪，同心复同房。上有金莲花，茎叶相扶将。下有并根藕，藕丝百尺长"[76]。入元，"满池娇"以它情景交融的清丽与婉媚而变得更为流行，且成为御衣上面的刺绣图案[77]。一方面这是中原地区早已发展成熟的纹饰，一方面又与辽、金、元原有的"春水"纹样旨趣相合，因此它包容了来自不同传统的创作构思和表现手法，而成为一种显示着元代特色的新意象[78]。

　　荷叶簪与其他样式的簪钗稍有不同，它撷得绘画的写生意趣而更努力于做成一个立体的画面，即在打造成形的各个小件的侧缘做出小撑，正面看去仿佛圆雕，而从工艺

73 《宋代书画册页名品特展》，图五三，台北故宫博物院一九九五年。

74 北京大学古文献研究所《全宋诗》，册六五，页41000，北京大学出版社一九九八年。

75 又《天水冰山录》记述抄没的严嵩家财，中有"崔白《满池娇》八轴"，又有宋人"绣满池娇、绣山水人物并鹤鹿共十一轴"。其命名或也本自宋人。

76 《全宋词》，页102，《全宋诗》，册三三，页21064。

77 元柯九思《宫词》："观莲太液泛兰桡，翡翠鸳鸯戏碧苕。说与小娃牢记取，御衫绣作满池娇。"注云："天历间御衣多为池塘小景，名曰满池娇。"天历是元文宗的年号。

78 扬之水《"满池娇"源流》，《丝绸之路与元代艺术国际学术讨论会论文集》，艺纱堂／服饰工作队二〇〇五年。

上说却并不复杂，不过是以打造为基本方法，即便仿绘画笔意的轻风卷起的荷叶边也是用了同样的办法见出效果。桃水镇的一支作为式样之二，也以打造见功夫，不过更在于打造与錾刻的精细以及二者相得益彰之谐美，并且以此而使得纹样的几个基本要素在规整适形的图案里，依然活泼灵动充满生意。

24 金庭园小景簪（图 1－24：1）
湖南临澧新合元代金银器窖藏

图 1－24：1 金庭园
小景簪 湖南临澧新合
元代金银器窖藏

　　庭园小景的纹样构思也应与绘事有很密切的关系。内蒙古林西县毡铺乡哈什土北沟出土的辽代彩绘木版画中即有笔致精细的一幅山石牡丹图。图绘湖石前一带做出宝珠式望柱头的雕栏，牡丹芭蕉倚石而生，舒枝展叶，芭蕉丛上飞着一对蝴蝶[79]（图 1 − 24：2）。相似的构图又见于河南济源勋掌村镇安寺出土的北宋三彩听琴图枕，虽是配景，但湖石、雕栏、芭蕉、牡丹，图式的基本要素是齐全的[80]（图

79 今藏赤峰市林西县博物馆，本书照片为参观所摄。

80 今藏河南博物院，本书照片为参观所摄。

图 1 − 24：2 辽代彩绘木版画 内蒙古林西县毡铺乡出土

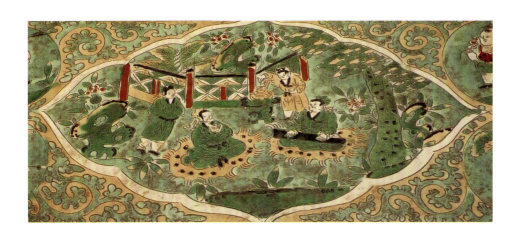

图1－24：3北宋三彩
听琴图枕局部 河南济
源勋掌村镇安寺出土

1－24：3）。新合金簪把它移植为首饰纹样，综合运用各项工艺而组织为方寸之间的立体画面，诚所谓"团造镂巧精细"，也可以说这正是元代金银首饰工艺的特色之一。

金簪的制作工序，大体是先在作底的一枚金片上镞镂、打造披垂的萱草，又承托萱草的一个鼓钉纹如意头式四足花盆，其外再另行包接一枚金片，便是打造而成的有宝珠式望柱头的一带雕栏，继而把分别錾凿成束的两朵花斜斜插接在花叶间，花叶上面复焊一只打造成形的小蜜蜂。花心里抱着花蕊，叶片錾刻出叶脉。簪脚则用细金丝与簪首系结，——金丝从背面穿入花叶间的镂空处，然后在正面挽出两个旋儿。簪长12.5厘米，重仅6.7克。

25 银春游醉归图钗（图1－25：1）

湖南涟源市桥头河镇石洞村元代银器窖藏

银钗的钗首直径不过三厘米，盈寸之间却是一幅刻画细微的立体画。戴幞头的士子挽缰骑驴布置于画面前景，一树桃花和驴蹄下的一丛草点出早春景色。身后一座小桥，仆人挑担踏桥而随行，担子的一端是编纹历历的游春行具，另一端是一个玉壶春瓶。后景则是一间茅草覆顶的小小酒家，棂格窗前挑着酒望子，门边垂帷半卷，铺面开敞处置案，案上一个酒瓶，小口带盖，耸肩削腹，上面装饰如意纹，店主人正在凭案候客。银钗图案系以一枚银片用镟镂和打造的办法作出形若浮雕的图案，惟一个酒望、一副担子是用了另外的两枚小银片打造成形，酒望接焊在屋檐前面（后失），担子浮搁在荷担者的肩膀。最后于钗首背面再焊一柄银钗脚。钗连脚长 14.5 厘米，重 27.2 克。

细审钗首图案，很容易想到元曲中有与此番景象和意境都很一致的描述。如无名氏〔仙吕〕《那吒令过鹊踏枝寄生草》："青芽芽柳条。接绿茸茸芳草。绿茸茸芳草。间碧森森竹梢。碧森森竹梢。接红馥馥小桃。娇滴滴景物新。

图 1 — 25：1 银春游醉归图钗 湖南涟源市桥头河镇元代银器窖藏

笑吟吟闲行乐。一步步扇面儿堪描。　声沥沥巧莺调。舞翩翩粉蝶飘。忙劫劫蜂翅穿花。闹炒炒燕子寻巢。喜孜孜寻芳斗草。笑吟吟南陌西郊。　曲弯弯穿出芳径。慢腾腾行过画桥。急飑飑酒旗儿斜刺在茅檐外挑。虚飘飘彩绳儿闲控在垂杨袅。韵悠悠管弦声齐和在花阴下闹。骨刺刺坐车儿碾破绿莎茵。吉蹬蹬马蹄儿踏遍红尘道。"[81] 用元人的语言来为银钗品题，实在最好不过，于此我们更可会得此间所蕴含的活泼泼的生气。

81《全元散曲》，页 1676。

　　然而银钗的纹样设计也许还有粉本。不妨再来看一幅传世绘画，即上海博物馆藏宋人册页《花坞醉归图》。图绘山边水畔花木掩映下的两间茅舍，竹篱旁边酒望高挑。对岸山间的桃花烂漫处伸出一架跨水的木桥，老仆挑担，醉归者骑驴，着幞头，为小童扶持而行（图 1 — 25：2）。此图曾收入《中国绘画全集》，画面中的漫山春花，图版说明称之为杏花。《花坞醉归图》的流传经过似乎不是很清楚，

图 1 — 25：2《花坞醉归图》　上海博物馆藏

不过明初谢晋有《题〈花坞醉归图〉二首》，诗云："香熟
家家酒，花明处处春。年来为多病，愁见醉归人。""幽鸟
唤提壶，桃花映酒炉。田家春社散，野老醉相扶。"[82] 诗中
的形容与上海博物馆的藏品很是相合，虽然未必是同一幅，
而题材相同，画笔下的景物当不致相差太多，因此画中的
春花似以认作桃花为宜。

82 《兰庭集》卷上。

　　把"行旅图"银钗与《花坞醉归图》放在一处，虽小
大不同，但场景、构图与构图的几个要素，乃至细节刻画
之种种，二者的相似和一致却是一目了然。如此，以"春
游醉归图银钗"为此钗命名，应该是合式的。

26 银榴枝对鸟图簪（图 1 － 26：1）
湖南攸县凉江乡元代银器窖藏

金绣羽鸣春图簪（图 1 － 26：2）
湖南张家界元代金银器窖藏

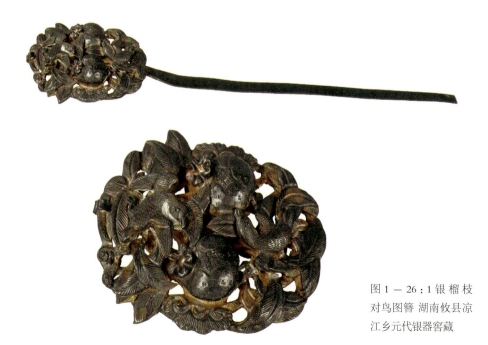

图 1 － 26：1 银榴枝
对鸟图簪 湖南攸县凉
江乡元代银器窖藏

图 1－26：2 金 绣 羽
鸣春图簪 湖南张家界
元代金银器窖藏

　　纹样构思与绘画相关的还有分别出自攸县凉江乡窖藏
和张家界窖藏的两支金簪。银榴枝对鸟图簪一共两支，为
纹样完全相同的一对。其图式可与故宫藏南宋册页《榴枝
黄鸟图》对看（图 1－26：3）。簪首虽是图案化的画面，
而写生小品生气犹在。一对小鸟原是另外打造成形然后再
焊接到榴枝上面（图 1－26：4）。

图 1－26：3《榴枝黄鸟图》局部
故宫藏

图 1－26：5《绣羽鸣春图》局部
故宫藏

张家界金簪簪首是立在花台上的一只长尾鸟，鸟身系用两枚金片打造成形然后合在一起，鸟足与折作花台的金片焊接，一支金簪脚接于花台的底部。故宫博物院藏一帧宋人《绣羽鸣春图》册页，两相对照，册页仿佛便是金簪的画样（图1－26：5）。所谓"绣羽"，乃是练鹊，今名寿带鸟。"练鹊锦袍仙使，有青娥传梦，月转参移"[83]，由宋词所咏可见其意。

这两种样式都流传到明代，江苏武进前黄明夫妇合葬墓[84]、河南南阳溺水郡主墓分别出土的金簪首[85]，是其例（图1－26：6、7）。

83　吴文英《汉宫春·寿梅津》，《全宋词》，册四，页2925。

84　武进博物馆展厅所见，照片承武进博物馆提供。

85　刘霞《河南南阳溺水郡主墓出土的一批金器》，页110，封三：3，《中原文物》二〇〇七年第一期。墓葬年代为弘治六年。

图1－26：4银榴枝对鸟图簪首 湖南攸县凉江乡元代银器窖藏

图1－26：6金榴枝对鸟图簪首
江苏武进前黄明夫妇合葬墓出土

图1－26：7金绣羽鸣春图簪首
河南南阳溺水郡主墓出土

第四节　步摇

27 银镶水晶步摇（图 1 − 27 : 1）

江西永新北宋刘沆墓出土 [86]

金步摇（图 1 − 27 : 2）

湖南临湘陆城南宋墓出土

簪钗中还有一类为步摇。不过步摇是一个古老的名
称，使用的范围也很宽泛。它最初大约是由钗首悬挂坠饰
而得名，——《释名·释首饰》："步摇上有垂珠，步则

86 江西省文物管理委员
会《江西永新北宋刘沆
墓发掘报告》，图版五：
11，《考古》一九六四年
第十一期（图版说明称作
"水晶饰"）。按本书彩
色照片承江西省博物馆
提供。

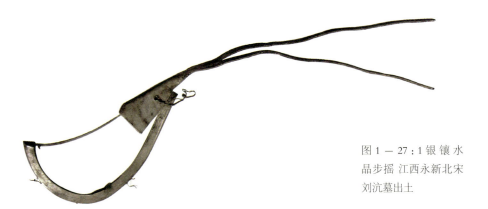

图 1 − 27 : 1 银镶水
晶步摇 江西永新北宋
刘沆墓出土

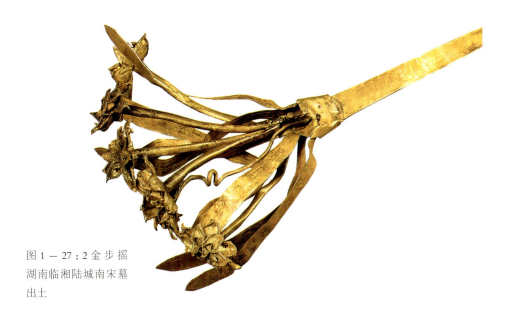

图1－27：2 金步摇
湖南临湘陆城南宋墓
出土

摇动也。"钗头悬坠饰，行动便有金光闪烁、步步摇颤的效果，自是别样动人。坠饰或如《释名》所言为"垂珠"，又或为小金片，即所谓"摇叶"。摇叶可以是圆形，也可以是心形，一端有细孔，细金丝从小孔穿入，然后把金叶系于钗首或簪首，钗或簪首是枝条离离的一树，枝头或者还栖着小鸟，摇叶于是一片片摇荡于枝条间。甘肃省考古研究所藏武威出土的一件汉代金步摇，便是由四枚披垂的花叶捧出一簇八根弯曲的细枝，中间耸出一茎，顶端一只小鸟，鸟嘴衔一枚下坠圆形金叶的小环。其余的枝条顶端或结花朵，或结花蕾，而四朵花的花瓣下边也分别用纤细的小圆环缀着金叶，惟其一已失[87]（图1－27：3）。摇叶的设计原是受了异域步摇冠的影响，比较阿富汗席巴尔甘大月氏墓出土的一件"金步摇"，便可见出若干细节处

87 甘肃省文物局《甘肃文物菁华》，图一五七，文物出版社二〇〇五年；图版说明云出自韩佐乡红花村。按杨伯达《中国金银玻璃珐琅器全集·金银器》第一卷图二一二著录的"金冠花"也是此件，图版说明曰武威旱滩坡出土。

理的惊人相似[88]（图 1 - 27：4）。这一曲折的传递过程，研究者已考证得十分清楚[89]。不过步摇冠并没有被汉民族普遍接受，却只是取了冠上的摇叶而移植到原本已有的步摇中。汉代之后，又延续到魏晋南北朝，作为步摇构件的一端有细孔的心形金叶在晋墓中即多有发现。而甘肃高台地埂坡魏晋墓出土的一件金花饰则显示了步摇样式中土化的完成[90]（图 1 - 27：5）。《玉台新咏》卷五录南朝沈满愿《咏步摇花诗》："珠华萦翡翠，宝叶间金琼。剪荷不似制，为花如自生。低枝拂绣领，微步动瑶瑛。但令云髻插，蛾眉本易成。"从华丽的辞藻中探寻诗意，可知步摇的制

88 《阿富汗：重新发现的珍宝——喀布尔国家博物馆藏品》(Afghanistan, les trésors retrouvés : collections du musée national de Kaboul)，图一二一，法国吉美亚洲艺术博物馆二〇〇六年。

89 孙机《步摇·步摇冠·摇叶饰片》，页 98 ~ 104，《中国圣火》，辽宁教育出版社一九九六年。

90 国家文物局《2007 中国重要考古发现》，页 91，文物出版社二〇〇八年。

图 1 - 27：3 金步摇 甘肃武威汉墓出土

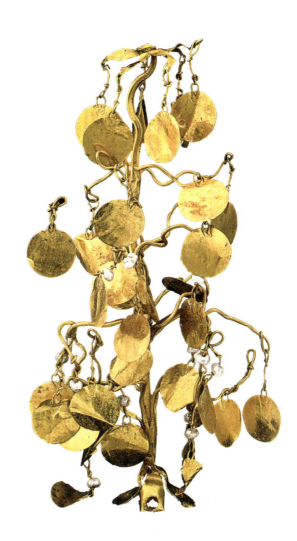

图 1 — 27：4 金步摇
阿富汗席巴尔甘大月
氏墓出土

图 1 — 27：5 金花饰
甘肃高台地埂坡魏晋
墓出土

作是剪金箔为花和叶缀于枝条，使它如真花一样清鲜，而插戴起来有风动娉婷的韵致，即如《女史箴图》中的形象，而它的式样与武威出土的步摇也很是相似（图1－27:6）。

步摇的名称一直延续下来，虽然南北朝以后花枝悬缀摇叶的做法已经不很流行，而步摇所包括的样式也不止一种。古式之外，系坠之簪钗又成步摇的一个新样，如陕西乾陵北原唐永泰公主墓，又长安南郊唐韦顼墓石椁线刻画中女子的插戴（图1－27:7、8）。古式的做法也有了变化，即常常把细银丝或细铜丝做成螺旋式的枝条，然后于顶端缚花叶、缀珠玉。陕西礼泉唐新城长公主墓、湖北郧县濮王李泰之妃阎婉墓出土系着料珠的铜花饰，应该都是这一类步摇的残件[91]（图1－27:9）。至合肥西郊南唐墓出土的金镶玉步摇，则最能见得它的制作之精[92]。

91《唐新城长公主墓发掘报告》（见注48），彩版七:1；湖北省博物馆等《湖北郧县唐李徽、阎婉墓发掘简报》，页38，图一五，《文物》一九八七年第八期。

92 石谷风《合肥西郊南唐墓清理简报》，页68，图九、一二，《文物参考资料》一九五八年第三期。

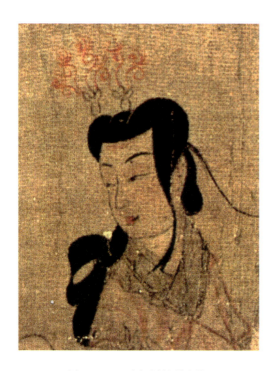

图1－27:6《女史箴图》局部

两种样式的步摇均为宋元所继承，北宋刘沆墓和陆城南宋墓出土的这两件都可以算作宋式步摇。后者似乎是遥承高台地埂坡魏晋墓金步摇的样式。前者用作包镶水晶的银片外缘原悬系一溜小坠，出土时尚存得一枚菱形残件。与它式样相同的又有四川阆中市双龙镇宋墓出土的一对金步摇[93]（图 1 — 27 : 10）。钗首为纹样相同的两枚金片扣合而

93《中国金银玻璃珐琅器全集·金银器》（见注 20），第二卷，图二五二。

图 1 — 27 : 7 石椁线刻画（摹本）
陕西乾陵唐永泰公主墓出土

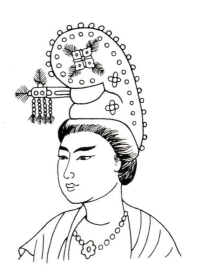

图 1 — 27 : 8 石椁线刻画（摹本）
长安南郊唐韦顼墓出土

图 1 — 27 : 9 步摇残件 陕西礼泉
唐新城公主墓出土

成。两道联珠纹勾出卷草式边框，内里装饰芙蓉、牡丹和菊花。边框上缘别饰荷叶和瓜果，下缘做出两相扣合的六个小系，系下悬垂一溜六枚带着叶子的小桃。钗脚另外打制，然后与钗首套接。此式步摇的插戴，见于郑州登封城南庄宋代壁画墓，惟画工所绘为侧面形象，因此只有右边的一支，推测左边也该有一支与它成为一对[94]（图1—27：11）。在日本大阪市立美术馆藏宋人绘《送子天王图》中，又可见此式步摇的插戴是一边两支[95]（图1—27：12）。与前举宋代壁画相对看，可以见出二者式样以及插戴方式的一致。

94《郑州宋金壁画墓》（见注9），图一五七。

95 浙江大学中国古代书画研究中心《宋画全集》，第七卷第二册，图六〇，浙江大学出版社二〇〇八年。

图1—27：10金步摇 四川阆中市双龙镇宋墓出土

图1—27：11郑州登封城南庄宋壁画墓墓室壁画

图1—27：12《送子天王图》局部 大阪市立美术馆藏

28 金步摇（图 1 - 28：1）

湖南株洲攸县丫江桥元代金银器窖藏

银步摇（图 1 - 28：2）

湖南益阳八字哨元代银器窖藏

图 1 - 28：1 金步摇
湖南株洲攸县丫江桥
元代金银器窖藏

图 1 — 28：2 银步摇
湖南益阳八字哨元代
银器窖藏

　　这两例可以算作古典样式的步摇。依然是传统的基本
构件，即花树和草虫、飞鸟，不过是用了宋元时代的"像
生"做法，环绕着折枝牡丹的一对蝴蝶、两只鸿雁以薄金
片一一錾凿打造成形，然后用打着螺旋的细金丝在背后连
缀为一体，总成一束后再套接一柄银簪脚。如此繁花似锦
的一树，因为材料的轻薄，其重仅止 17.2 克。益阳八字哨
的银步摇与它形制相同。也是枝条四展的一束，有鸟，有
琼花和花苞，又配着几茎慈姑叶。用作穿系的银丝末端束
紧之后再绕成一个环，簪脚的顶端从环里穿过然后把它裹
住，只是簪脚的下半部已经残断。这一种样式的步摇自古
以来即用于高髻上的迎面插戴，元代它便又有"面花"之称，
见故宫本《碎金·服饰篇》"首饰"一项，原是与包髻、凤
钗等列在一处。明《三才图绘·衣服三》"内外命妇官服"中，

凤冠、钗、环之外，也有"面花"一条，图下绘出它的式样，——折枝牡丹，还有栖在花上的一只鸟，正可以用此遥接《碎金》中的名称。不过图下的释文溯源溯到了"花子"，是它的"考古"之误。

第五节　梳背

29 双狮戏毬纹银梳（图1-29）

江西彭泽元祐五年易氏夫人墓出土 [96]

图1-29 双狮戏毬纹银梳 江西彭泽易氏夫人墓出土

从目前发表的材料来看，梳和梳背的发现以南方为多。元无名氏散曲咏南北两佳丽，道"一个带玉钗，一个插犀梳"；"一个白罗帕兜映遮尘笠，一个乌云髻斜簪压鬓梳"[97]。前者是北，后者是南，在元人的观念里，似乎插梳是南方女子妆束的特征之一[98]，而这是宋代即已形成的。

宋代金银梳栉与唐代相比，在形制上的一大不同是装饰带由半月形易作虹桥形，并且多半是梳背与梳栉质地不同而分别制作，然后套合在一处。

类型之一，梳背为虹桥式装饰带，而与梳栉部分仍为一体，是犹存前朝遗风，彭泽易氏夫人墓出土的这一枚银梳即其例。银梳系以一枚片材打作而成，联珠纹组成的边框把梳背分作三重装饰带，内里一层錾出锥点组成的一弯莲瓣纹，中心有铭曰"周小四记"。其外一层打作一溜接圆式二方连续小团花，空白处錾出很浅的鱼子纹。主体纹样打作卷草纹间的双狮戏毬，对弯的两端各一对瓜实。外缘一道宽沿光素无纹，却另把一枚银片打出边饰图案用来裹沿，惟裹沿部分残脱近半。虹桥式梳背的下方与梳齿连做。这种式样的金银梳栉宋代已经不很流行，不过南北方宋墓出土的木梳、玉梳等尚有其式，如太原小井峪宋墓出土的两枚缠枝牡丹纹雕花木梳，墓葬时代为北宋末期[99]，如南京江宁镇建中村宋墓出土的雕镂牡丹花纹玉梳，时代为南宋[100]。

30 银鎏金缠枝花卉纹梳背（图1－30:1、2）

江西永新县嘉祐五年刘沆墓出土[101]

宋元梳背比较常见的一种做法，便是金银片只用作包镶梳背，即先在金银片的装饰之部打作纹样，然后做成适

97《全元散曲》，页1816。

98 其实这时候南北特征已经不很明显，北方发现的墓室壁画即有女子插梳的形象，如内蒙古赤峰市宝山元墓壁画夫妇对坐图中的侍女。

99 代尊德《太原小井峪宋墓第二次发掘记》，图版八：5，《考古》一九六三年第五期。

100 国家文物局《2004中国重要考古发现》，页171，文物出版社二〇〇五年。

101《江西永新北宋刘沆墓发掘报告》（见注86），图版五：8。本书照片承江西省博物馆提供。

图 1－30：1、2 银鎏
金缠枝花卉纹梳背 江
西永新县北宋刘沆墓
出土

图 1－30：3 竹节纹
金梳背 南昌市齐城岗
宋墓出土

形的虹桥式包背，复于两端各修出一个包角，分别包合于
虹桥两边，与原梳的梳背扣紧，如南昌市齐城岗宋墓出土
的一对竹节纹金梳背（图1－30：3）。刘沆墓出土的一大
两小三枚银鎏金缠枝花卉纹梳背，即属此类。大者，弧宽
17.5厘米，弧高11厘米，主体纹样为缠枝卷草，弯拱处一
面是两个颈带项圈对舞着的孩儿，一面是两只对飞的小鸟。
弯拱两边以填充松针式花叶的棋纹为辅纹。小者弧宽13厘
米，高六厘米，包背间尚存一段木梳。另一枚残断。梳背
的辅纹作为图案之一种似乎有着标志性，而与此同类者，
也见于巩县北宋皇陵，是用作望柱底座莲瓣纹与龙牙蕙草
装饰带之间的填充纹样[102]。这一纹样的来源竟可上溯于东
晋，如南昌火车站东晋墓出土的金佛像戒指中的莲花座[103]，
又沈阳新民辽滨塔塔宫出土的砖雕菩萨像莲花座[104]。它作
为金银首饰中的辅纹，从北宋到南宋始终流行不衰，如浙
江建德宋墓所出金指镯与金钳镯（图1－48：7），又三天
门宋墓出土金指镯、宁波天封塔地宫出土银钳镯、浙江永
嘉银器窖藏中的银钳镯[105]，等等，虽然出于不同工匠之手

102 如章怀潘皇后陵的
东列望柱，河南省文物
考古研究所《北宋皇
陵》，图三六，中州古籍
出版社一九九七年。

103 江西省文物考古研
究所等《南昌火车站东
晋墓葬群发掘简报》，封
三，《文物》二〇〇一年
第二期。

104 沈阳市文物考古研
究所等《沈阳新民辽滨
塔塔宫清理简报》，页18，
图一八，《文物》二〇〇
六年第四期。

105 出土时为展开状，
报告称作"银条"。《浙
江宁波天封塔地宫发掘
报告》，页17，图四七：
11，《文物》一九九一年
第六期。

图1－30：4金包背
黄杨木梳 江苏武进礼
河宋墓出土

图1—30:5《捣练图》
局部 故宫藏

又有若干细节处理的不同。可以认为，此即《营造法式》
卷三三《彩画作制度图样上》"鱼鳞旗脚"纹的各种变体。
元代似即不再流行。

　　与刘沆墓出土梳背同一类型而制作简略者，则包背不
作装饰纹样，惟以金片包镶而已，如江苏武进礼河宋墓出
土的金包背黄杨木梳[106]（图1－30：4），福州茶园山端平
二年墓出土金包背牛角梳[107]，又安徽六安花石咀古墓出土
的一枚金包背木梳[108]。末一例的墓葬年代，《简报》推测为
宋末元初，不过以所出首饰而言，均为很典型的南宋风格。

　　梳篦的插戴可以是一枚，也可以是一对，梳齿插在头
发内，金银梳背便隆起在外成为耀眼的装饰。南宋吕胜己《鹧
鸪天》"垒金梳子双双耍"，利登同调之"凤尾鬓香再叠梳"[109]，
所咏皆是。宋牟益《捣练图》中有发髻叠插梳子的女子形象，
两枚梳子正是一大一小（图1－30：5）。

106《常州博物馆五十
周年典藏丛书·漆木金
银器》（首见注30），页
15。

107 福州市文物管理
局《福州文物集粹》，图
九三，福建人民出版社
一九九九年。

108《安徽六安县花石咀
古墓清理简报》（见注
8），页920，图六。按
金片已残，上有"尧二
郎"铭。

109《全宋词》，册三，
页1763；册四，页2986。

31 金镂空毬路纹梳背（图1－31：1）
江西安义石鼻宋李硕人墓出土
金二龙戏珠纹梳背（图1－31：2）
湖南临澧新合元代金银器窖藏

图1－31：1金镂空
毬路纹梳背 江西安义
石鼻宋李硕人墓出土

图 1 - 31∶2 金二龙
戏珠纹梳背 湖南临澧
新合元代金银器窖藏

110 此承江西省博物馆
惠允观摩并提供照片。

　　三枚梳背与前例属于同一类型，不过式样稍异，即
只用金银包镶梳脊。出自李硕人墓的是纹样相同的一
对。梳背两端依然打作包角，装饰部分则以镟镂精细见工
夫，——中间一溜毬路纹，两边以两两相对的卷草组成连
续图案。通长 18 厘米，宽 1.5 厘米，重 4.5 克。整个梳
背是轻软而有弹性的，因此展开时为平直的一条，包镶时
则为贴着梳脊的一弯。与此相似者，又有出自江西新余
的一枚金镂花梳背，为散点式二方连续图案，连包角长
17.5 厘米，宽 1.2 厘米，重五克[110]（图 1 - 31∶3）。

　　临澧新合金梳背通长 17.5 厘米，重 7.2 克。它也是富
有弹性而可顺势弯作拱形，两端收拢做出抱合的两个角，

图 1 — 31：3 金 镂 花梳背 江西新余出土

系为包镶梳脊而制。梳背的四个边框装饰如意云，中心是云朵环抱着的一颗火珠，火珠两边一对戏珠的游龙。

二龙戏珠是宋元工艺品中的常见图式，金银器制作也常取用。它出现在唐代金银器中的时候，多为摩竭戏珠，至宋元，摩竭已逐渐改造为龙形。二龙所戏为外包火焰光之珠，此即摩尼，或云振多摩尼。智顗说《观无量寿佛经疏》："摩尼者，如意珠也。"希麟《续一切经音义》卷六"振多摩尼"条："此译云'如意宝珠'也。"它在佛经中有很好的意思。《大智度论》卷三五："如菩萨先世为国王太子，见阎浮提人贫穷，欲求如意珠，入于大海至龙王宫。……龙即与珠，是如意珠，能雨一由旬。"可知戏珠纹被用作装饰题材最初是取其如意丰足的含义。

32 银折枝花纹梳背（图 1 — 32：1）
湖南株洲堂市乡元代银器窖藏
金双鸾纹包背玳瑁梳（图 1 — 32：2）
湖南沅陵元黄氏夫妇墓出土

两宋木梳常有梳脊镶珠的做法，如江苏武进村前南宋墓出土的一枚镶珠黄杨木梳[111]（图 1 — 32：3）。天理本及百爵斋本《碎金·服饰篇》"冠梳"一项列举的"珠梳"，适可与之对应。宋人绘画中也多有插戴珠梳的女子形象，如台

111《常州博物馆五十周年典藏丛书·漆木金银器》（见注30），页34。

图 1 － 32 ：1 银折枝花纹梳背
湖南株洲堂市乡元代银器窖藏

图 1－32：2 金双鸾纹包背玳瑁梳 湖南沅陵元黄氏夫妇墓出土

图 1－32：3 镶珠黄杨木梳 江苏武进村前南宋墓出土

图 1－32：4 金镂空毬路纹珠梳背 江西南昌县出土

北故宫博物院藏李嵩《货郎图》，故宫藏《搜山图》（图 1 —
15：5）、《蕉阴击毬图》，等等。金银梳背仿此，而梳背外缘
的金珠是打造而成，因此不过一溜半圆，看去却如金珠一般，
如出自江西南昌县的一枚金镂空毬路纹珠梳背[112]（图 1 —
32：4）。堂市乡银折枝花纹梳背、沅陵元黄氏夫妇墓金双鸾
纹包背玳瑁梳，都是大体相同的设计构思。

　　堂市乡银梳背弧长 8.5 厘米，重 2.2 克，梳背的背面做
出五个卡头以用作包镶。另有一枚与它纹样、尺寸、形制
均相同，为一对。与前一种包镶法不同，——彼宜梳篦的
侧面插戴，此则适合梳篦的立式插戴，即如故宫藏元周朗《杜
秋娘图》中的样子（图 1 — 32：5）。

112　照片承江西省博物
馆提供。

图 1 — 32：5《杜秋娘
图》局部 故宫藏

元黄氏夫妇墓出土的玳瑁梳很薄，两边近缘处有几根梳齿已残断。弯拱式的金梳背上下打作两溜半圆以象金珠，装饰带的中间打作一朵牡丹花，花两边一对蜜蜂，一双对飞的鸾鸟。与前举梳背侧面包镶梳脊不同，这里是用正面包嵌的方法。金梳背拱形的两端先已做成两个三角，把图案上缘的金珠式半圆扣合于梳脊，再把拱形之端的两个三角反折过去，金梳背与玳瑁梳便嵌合无间。从纹样来看，它是用作倒插的。

33 金帘梳（图 1 − 33：1）
湖南临湘陆城一号宋墓出土[113]

金帘梳（图 1 − 33：2）
江西新余出土[114]

前式梳背的踵事增华，便是在梳背弯拱的外缘系缀金花珠网。出自临湘陆城一号宋墓的一枚，梳背弯梁两端的

113《湖南临湘陆城宋元墓清理简报》（见注14），图版八：9。按《简报》称作"金凤冠"（页65）、"金冠饰"（图版说明）。本书彩图承湖南省博物馆提供。

114 照片承江西省博物馆提供。

图 1 − 33：1 金帘梳
湖南临湘陆城宋墓出土

图 1 — 33：2 金帘梳
江西新余出土

115 元熊进德"金丝络
索双凤头，小叶尖眉未着
愁。大姑昨夜苫溪过，新
歌学得唱湖州"（《元诗纪
事》卷二四）；元王伯成
《天宝遗事诸宫调》，曰"杨
妃澡浴，鬓收金络索，珮
解玉玎璫"（凌景埏等《诸
宫调两种》，页107，齐
鲁书社一九八八年）。

116《金瓶梅》第三十七
回，说十五岁的韩爱姐
"才吊起头儿没多几日，
戴着云髻儿"；第四十二
回，曰春梅、玉箫等各
房中的几个大丫环，"都
是云髻珠子缨络儿，金
灯笼坠"；又第八十六
回，道月娘嫁出春梅之
日，"把春梅收拾打扮，
妆点起来，戴着围发云
髻儿，满头珠翠"。

梯形包角一个张开，一个内合，正展示了当日包镶梳背的
情形。其弯梁内缘打作一溜花牙子，弯梁的装饰框内一对
舞鸾，中心是对飞的两只小蜜蜂。外缘一溜缀网的小环，
约百十朵宝相花错落相连结成纤丽玲珑的一面花网，花网
末端系连铎铃式坠脚。出自新余的一枚重13克，系以薄金
片打造为宽一厘米、弧长九厘米的一道弯梁以成梳背的主
体，四缘打作联珠纹的装饰框，框内镞镂缠枝卷草。下缘
做出十七个如意头，如意之端各衔一个小金环，环下系三
朵宝相花和一只蝴蝶，蝴蝶下连铎铃式坠脚，每个小件又
分别以小金环四向纵横勾结，结作花网。梳背倒插于发，
花网自然披垂如帘。故宫本《碎金·服饰篇》"首饰·南"
之部列有"帘梳"，《明史》卷六七《舆服三》"品官命妇冠
服"一项列有"珠帘梳"、"小珠帘梳"，似即此类宋式梳的
延续。而元之"金络索"、"金丝络索"[115]；明之"围髻"、"围
发云髻儿"[116]，也都与这一类梳背意匠相通。

　　帘梳尺寸不大，可插戴于额前上方或额角鬓边，也不妨三两枚同时插戴点缀云髻，如日本奈良国立博物馆藏南宋陆信忠《五道转轮王》，又《佛涅槃图》中的女子（图1－33：3、4）。

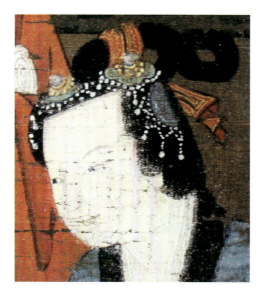 

图1－33：3《五道转轮王》局部　　　　图1－33：4《佛涅槃图》局部
奈良国立博物馆藏　　　　　　　　　　奈良国立博物馆藏

第六节　耳环

34 金耳环（图1－34：1）
江西永新县北宋刘沆夫妇墓出土[117]

金菊花耳环（图1－34：2）
浙江建德大洋镇下王村宋墓出土[118]

金菊花耳环（图1－34：3）
艾尔米塔什博物馆藏[119]

金牡丹花耳环（图1－34：4）
湖南华容县城关油厂元墓出土

117《江西永新北宋刘沆墓发掘报告》（见注86），页563。本书照片承江西省博物馆提供。

118 北京大学中国考古学研究中心等《浙江建德市大洋镇下王村宋墓发掘简报》，封二：5，《考古与文物》二〇〇八年第四期。

119《金帐汗国的珍宝》，页5，圣彼得堡，斯拉夫出版社，2001（*Сокровища Золотой Орды*，Государственный Эрмитаж，Санкт-Петербург，2001）。

图 1 — 34 : 1 金耳环
江西永新县北宋刘沆
夫妇墓出土

图 1 — 34 : 3 金菊花
耳环 艾尔米塔什博物
馆藏

图 1 — 34 : 2 金菊花
耳环 浙江建德大洋镇
下王村宋墓出土

图 1 — 34 : 4 金牡丹
花耳环 湖南华容县城
关油厂元墓出土

　　女子戴耳环成为普遍的风气，就汉族聚居区域来说，始于宋。早期的月牙儿式造型大约很有着辽代的影响。其时耳环的装饰纹样以蜂蝶花果为多，并且都很小巧，也与辽代耳环相似。内蒙古库伦旗二号辽墓墓道北壁壁画绘一捧盒侍女，所戴耳环为弯月式[120]（图1－34：5）。辽宁朝阳北塔天宫发现的一对牡丹蝴蝶纹弯月式金耳环，最宽处1.2厘米，长约四厘米，施入天宫的时代为辽重熙十二年，都是可以作为参照的例子[121]（图1－34：6）。

　　北宋刘沆夫妇墓出土的这一只金耳环，系用一根金材打制而成，一端为细弯的耳环脚，一端为曲线柔美的一牙

120　王健群等《库伦辽代壁画墓》，彩版四：1，文物出版社一九八九年。

121　辽宁省文物考古研究所《朝阳北塔——考古发掘与维修工程报告》，图版五五：2，文物出版社二○○七年。本书用图为参观所摄。

图1－34：5内蒙古库伦旗二号辽墓墓道北壁壁画

图1－34：6金牡丹蝴蝶纹耳环辽宁朝阳北塔天宫出土

122 四川省博物馆等《四川广元石刻宋墓清理简报》，页60，图三〇、图三一，《文物》一九八二年第六期。又有湖南耒阳城关宋墓出土的两件，衡阳市文物工作队《湖南耒阳城关六朝唐宋墓》，页267，图三四：7、17，《考古学报》一九九六年第二期。又安徽舒城县三里村宋墓出土一件，《简报》形容说："金耳坠一件，呈'S'形，一端粗，一端细，素面，长5.6厘米。"但不曾附图，只能推测它属此类。又宁波天封塔地宫出土八对"银钩"，《简报》介绍说："均为钩状，大多直接安于银殿内木制的梁枋上，为悬挂银片一类饰物之用，钩高3.3、宽1.25厘米。"《浙江宁波天封塔地宫发掘报告》（见注105），页17，图五二：11。从照片来看，八对银钩应是八对耳环，当是作为施舍之物挂在银殿内。

123《常州博物馆五十周年典藏丛书·漆木金银器》（见注30），页49。

124 此条材料承济南市考古所高继习先生提供。

125 照片承江西省博物馆提供；第三例同。

126《西安长安区郭杜镇清理的三座宋代李唐王朝后裔家族墓》（见注33），封三：2。

新月，重4.9克。造型与工艺相同的两对金耳环也见于四川广元南宋墓[122]。建德宋墓出土的金菊花耳环，造型亦如弯月，却不是用金材打成的实心，而是由打作一对菊花和一枚花叶的金片抱合成型，花瓣部分錾刻细线以为脉理，然后把菊花对折，使之相抱如一枚弯月，再与实心的耳环脚相接。

蒙元时期的金银耳环，所能见到的材料很少，艾尔米塔什博物馆藏此一对金菊花耳环是不多的一例，它发现于吉尔吉斯的科奇科尔卡谷地。华容元墓出土的金牡丹耳环造型与它十分相似，特别是花朵下边粗金丝打成的一个卷。而这几乎成为元代各式耳环的一种普遍做法。当然此式也有稍早之例，如常州北环工地宋墓出土的一对[123]，如济南一处宋金窖藏中的一对[124]。不过这两个地点都没有出土可靠的纪年材料，如以同出的其他饰品为参照，则可大致推定其时代约当十二世纪初年。

35 金石榴耳环（图1－35：1）

江西南城县齐城岗宋墓出土[125]

金镶水晶紫茄耳环（图1－35：2）

西安杜家镇宋代李唐王朝后裔家族墓出土[126]

银鎏金紫茄式耳环（图1－35：3）

江西高安县宋墓出土

两宋瓜果式耳环也多用仿生式造型，即宋人所谓"象生"或作"像生"，如石榴，甜瓜，茄子等。齐城岗宋墓出土的金石榴耳环，以打作上顶花朵、两旁披垂枝叶的一颗石榴果为主体，再以另外打制的一朵凸起之花接焊于石榴上方，耳环脚一端弯折后直接焊在背面，耳环重约一克。宋祁《学

图 1 — 35：1 金石榴耳环
江西南城县齐城岗宋墓出土

图 1 — 35：2 金镶水晶紫茄耳环
西安杜家镇宋墓出土

图 1 — 35：3 银鎏金紫茄式耳环
江西高安县宋墓出土

舍石榴》"烟滋黛叶千条困，露裂星房百子均"；杨万里《石榴》"雾縠作房珠作骨，水精为醴玉为浆"，都是两宋诗人咏石榴的隽句，收在宋陈景沂编纂的《全芳备祖》，当为时人所熟悉。

　　杜家镇宋墓出土的金镶水晶紫茄耳环，上为金茄蒂和金丝卷成的细蔓，金蒂下覆一颗水晶茄。与此相似者，又有江西婺源临河村宋汪路妻张氏墓出土的一件，只是金茄蒂与水晶茄子的连接处松动了[127]（图 1 — 35：4）。出自高安宋墓的银鎏金紫茄式耳环为一对，共重 4.4 克。两枚金片分别做成紫茄形，中间部分镂镂出用联珠纹勾勒的缠枝卷草，外缘打作一溜九个半圆，然后将两枚金片扣合。另外做出的茄蒂与耳环脚焊接，再与紫茄接焊为一。湖州三

127 詹祥生《婺源博物馆藏品集粹》，图五六，文物出版社二〇〇七年。又临川宋墓出土一件所谓"带金钩水晶珠"也应是同类耳环，见《江西临川县宋墓》（见注6），页 330，图一：2·中（作者形容它"形若葡萄，上有四叶金花蒂饰，蒂柄呈弯钩状，下吊一水晶珠"）。

图 1 — 35：4 金镶水晶紫茄耳环 江西婺源临河村宋墓出土

天门宋墓出土式样几乎完全相同的一只[128]，惟镶镂部分的
图案相异，边缘亦接焊九粒金珠，重 1.13 克。宋《证类本
草》卷二九引寇宗奭《本草衍义》云："茄子，新罗国出一种，
淡光微紫色，蒂长，味甘，今其子已遍中国蔬圃中。"耳环
造型所仿应即这一类为时人所喜的紫茄。

36 银鎏金摩竭耳环（图 1 - 36：1）

上海宝山区月浦乡南塘村南宋谭氏夫妇墓出土[129]

辽代耳环流行的摩竭纹也为宋代所采用，不过原是外
来的摩竭纹这时候很可能已在讲述本土故事，鱼化龙传说
即其一，甘肃临洮北乡麻家坟出土的金"陕西西路监造使"
铭鱼化龙纹铜镜，似即显示出这一演变[130]，而以"鱼化龙"
为及第之颂[131]，亦两宋诗词中常见的比拟。宋代摩竭耳环
的造型和制作工艺也与辽代不同。南宋谭氏夫妇墓出土一
对银鎏金摩竭耳环，制作方法与前举建德宋墓金菊花耳环
相同，即也是以两枚金片打作成形，——张起的飞翼，翻
卷的长鼻，腹部的鳞片，摩竭的特征一一表现清楚，然后
扣合成型，耳环脚一端粗，一端细，细者穿入鱼身预制出
来的小孔以为固定。

128 湖州市博物馆《浙江湖州三天门宋墓》，页42，图一：10，《东南文化》二〇〇〇年第九期。

129 上海文物管理委员会《上海考古精粹》，图三〇三，上海人民美术出版社二〇〇六年。按图版说明称作"鎏金松鼠耳坠"。

130 孔祥星等《中国铜镜图典》，页823，文物出版社一九九二年。

131 如房子靖《秋闱锁试赠赵茂实》："较文已辨珉兼玉，揭榜应知鱼化龙。"《全宋诗》，册六二，页38895。

图 1 - 36：1 银鎏金摩竭耳环 上海宝山区月浦乡南塘村宋墓出土

37 金一把莲耳环（图 1 – 37）

常德三湘酒厂出土

此为单独的一只，当然原初也是成对的。其造型若弯月，却顺势而成流行纹样中的"一把莲"，——一枝半开的莲花，一枝莲蓬，一弯莲叶，下面用花结总束为一把。它原是用两枚金片分别打造成形，然后扣合为一，耳环脚的一端分作两歧从金片之间穿入，复于当中打结以为固定。"一把莲"在北宋李诫《营造法式》卷三四"彩画作制度图样下"已被列为程式，它也为墓葬石刻广为采用，如洛阳涧西宋代仿木构砖室墓，如四川泸县宋墓、广元宋墓[132]，等等，两宋瓷器纹样中，"一把莲"也不鲜见。金耳环则把它变为适形图案，依然是耳环流行的弯月式造型，却使时人于熟悉中别见新异。若追溯纹样来源，或许可以认为其构思是来自佛教艺术，即带宝子的莲花鹊尾香炉，辽墓出有实物，辽墓壁画、辽塔砖雕均有与实物一致的形象[133]。当然香炉最初的设计本是得自莲花，此不过又回到莲花。

132 洛阳博物馆《洛阳涧西三座宋代仿木构砖室墓》，图版二：6，《文物》一九八三年第八期，墓葬年代为北宋晚期；四川省文物考古研究所等《泸县宋墓》，彩版六六：2，文物出版社二〇〇四年；《四川广元石刻宋墓清理简报》（见注122），页57，图一五、一六。

133 《赤峰金银器》（见注13），页156 157；《朝阳北塔——考古发掘与维修工程报告》（见注121），图版九八。

图 1 – 37 金一把莲耳环 常德三湘酒厂出土

38 金荔枝耳环（图 1 — 38：1）

常德桃源三阳港镇株木桥村万家嘴宋砖室墓出土

这一对耳环在制作工艺上尤见特色，虽然并不复杂，但组装方式的构思很巧，因使它颇有玲珑之致。

耳环的制作方式大致分为如下几步：一、取一枚金片，于中心凿刻一孔，然后把四角錾凿打造为花叶，继而将四

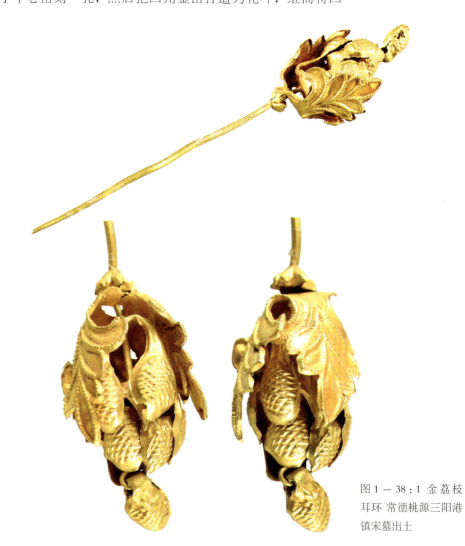

图 1 — 38：1 金 荔 枝
耳环 常德桃源三阳港
镇宋墓出土

角花叶向下折，做成一个花叶盖。二、再取两枚金片，均于一端凿孔，一端打造为相叠累垂的荔枝，然后把有荔枝图案的一端成九十度角向下折过来。三、另取一枚长方形的小金片，中间部分做成细腰形，两端打造为纹饰相同的一枚荔枝，继而对折，使之拢为相抱的一颗。四、用金片做成中央有细孔的一朵小花。五、取一根金丝，把预先做好的一枚小花、一枚花叶下覆的盖子、两枚折好的荔枝果，又相抱的一小颗，依次穿入，穿好最末一颗缀果之后，用金丝的末端挽出一个旋儿，金丝的顶端便可弯折成为耳环的脚，再把花叶盖和上方的小花焊接起来，一面使金丝固定，一面正好掩住用作穿系金丝的孔。

金荔枝耳环的造型，似乎也有绘画中的小品作为粉本或参考图式，如上海博物馆藏南宋册页《荔枝图》（图1—38：2）。周密《云烟过眼录》卷下"赵子昂孟頫乙未自燕

图1—38：2《荔枝图》
局部 上海博物馆藏

回出所收书画古物"一项录有白玉双荔枝女环一对,说它"可
长三寸,并脚通碾,皆白玉也,甚精。此必女直后妃故物"。
金、玉荔枝耳环的题材与造型大约是相近的。

39 金穿玉慈姑叶耳环（图 1 − 39：1）

湖南沅陵元黄氏夫妇墓出土

图 1 − 39：1 金 穿 玉
慈姑叶耳环 湖南沅陵
元黄氏夫妇墓出土

慈姑叶是满池娇纹样的基本要素之一。慈姑(*Sagittaria
sagittifolia* L.),又名水萍,水慈姑,是泽泻科中的一种多
年生水生草本植物,宋时名曰慈菰或茈菰,又有俗名曰剪
刀草（图 1 − 39：2）。苏颂《本草图经》云,"剪刀草,
生江湖及京东近水河沟沙碛中。味甘,微苦,寒,无毒。
叶如剪刀形,茎秆似嫩蒲,又似三棱。苗甚软,其色深青
绿,每丛十余茎,内抽出一两茎,上分枝,开小白花,四瓣,
蕊深黄色。根大者如杏,小者如杏核,色白而莹滑。五月、
六月、七月采叶,正月、二月采根";"根煮熟,味甚甘甜,
时人作果子常食,无毒"。《本草图经》成书于北宋。南宋
罗愿《尔雅翼》卷六"凫茨"条也提到它,而称"茈菰",
说茈菰"一茎收十二实,岁有闰,则十三实"。《本草纲目》
果部卷三三"慈姑"条特别阐释了它得名的缘由,曰"慈姑,

图 1 — 39：2 慈姑叶

一根岁生十二子，如慈姑之乳诸子，故以名之，作'茨菰'
者非矣"。大约这是采自民间的一种流传很久的俗说。辽金
元时代，慈姑叶不仅成为池塘小景中几乎不可缺少的意象，
而且独立出来，成为单独的纹样，如巴林左旗哈达英格乡
石房子村辽祖州遗址出土的一枚玉慈姑叶 [134]（图 1 — 39：
3），如黑龙江阿城金齐国王墓出土一对金镶珠慈姑叶式耳
环 [135]（图 1 — 39：4），又元黄氏夫妇墓出土的这一对金穿
玉慈姑叶耳环。花叶式耳环的插戴，见于传世的元代皇后像，
而叶下又系缀珠璎（图 1 — 39：5）。

金穿玉式耳环的流行始于元代，这一对金穿慈姑叶耳
环之外，又如湖南临澧新合元代窖藏中的一对金穿玉山石
孔雀耳环（图 1 — 44：10），又山东滕州韩桥村元李元墓
出土的一对金穿玉人耳环 [136]（图 1 — 39：6）。这一对玉人
应是仙人之属，耳环脚下半段分作两股的金丝用作穿系和
固定，而又与颈上的金项牌一起成为玉人的妆点。

图 1 — 39：4 金镶珠慈姑叶式耳环
黑龙江阿城金齐国王墓出土

图 1 — 39：3 玉慈姑叶
辽祖州遗址出土

图 1 — 39：5 元代皇后像

图 1 — 39：6 金穿玉人耳环
山东滕州韩桥村元李元墓出土

40 金璎珞纹耳环（图 1 − 40：1）

金莲塘小景纹耳环（图 1 − 40：2）

湖南临澧新合元代金银器窖藏

金累丝莲塘小景纹耳环（图 1 − 40：3）

武汉黄陂县周家田元墓出土 [137]

137《黄陂县周家田元墓》（见注 20），页 83，图九。按简报称作"金鬓饰"。此承武汉市博物馆惠允抚看并提供照片。

图 1 − 40：1 金璎珞纹耳环 湖南临澧新合元代金银器窖藏

图 1 − 40：2 金莲塘小景纹耳环 湖南临澧新合元代金银器窖藏

图 1－40：3 金累丝莲塘小景纹耳环 武汉黄陂县周家田元墓出土

图 1 — 40：4、5 元代皇后像

138 韦陀（Whitfield, Roderick）
《西域美术·英国博物馆斯坦
因收集品·I》（西域美术：大
英博物馆スタイン・コレクシ
ョン・I），图四八，讲谈社
一九八二年。

139 北京市文物研究所《北
京出土文物》，图三四三，北
京燕山出版社二〇〇五年。

　　元代耳环的造型与纹饰很有一些新创，其中仿璎珞的掩耳式耳环以及由此发展出来的牌环，是最见特色的一类。

　　掩耳最初是元代蒙古族女子罟罟冠上面的装饰，垂下来，掩在左右当耳处，即《析津志·风俗》所说"与耳相联处安一小纽，以大珠环盖之，以掩其耳在内，自耳至颐下，光彩眩人"。此在传世的元代皇后像中表现得很清楚（图 1 — 40：4）。不过与此同时它又成为下缀珠串的耳环，在元皇后画像中也不止一例（图 1 — 40：5）。从画像来看，掩耳与掩耳式耳环是并存的。今多发现于南方地区的如璎珞一般的滴珠形耳环，便是由后者取式而省略了下垂的珠饰。然而如果追溯造型来源，菩萨妆中的璎珞及耳饰可以视为它设计构思的来源之一，如大英博物馆藏吐蕃时期的一件敦煌绢画《金刚手菩萨》[138]（图 1 — 40：6）。这种样式的璎珞也见于佛教用器，如北京密云冶仙塔出土的辽代璎珞纹绿釉净瓶[139]（图 1 — 40：7）。

　　新合窖藏金璎珞纹耳环长九厘米，重4.5 克，为式样相同的一对。滴珠式造型，中涵联珠环绕的一颗滴珠，出尖部分填充卷草纹，——它也是此类耳环的基础纹样。同出的另一对则由基础纹样增益一枚覆在顶端的荷叶，两侧添一对荷花和一对慈姑叶，如此，一组联珠便好似水之意象，因成一幅莲塘小景。由甘肃漳县元汪世显家族墓地出土一件木屋模型中的绘画，可见以此类耳环为饰的女子形象[140]（图 1 − 40：8）。

图 1 − 40：6《金刚手菩萨》局部 大英博物馆藏

图 1 − 40：8 木屋模型中的绘画 甘肃漳县元汪世显家族墓地出土

图 1 − 40：7 辽代璎珞纹绿釉净瓶 北京密云冶仙塔出土

周家田元墓出土属于韩氏娘子的这一对，与前举新合耳环大抵同式，而制作工艺不同。耳环长约八厘米，重10.3克。一枚薄金片为底衬，其上一重为装饰。表层的中心部分做一个滴珠形的石碗，内嵌宝石[141]。环此一周为十一个用拱丝填出边框的联珠式石碗，惟内里嵌物均失。上半部用小金条围出主要纹样的边框：顶端一枚下覆的荷叶，其下一个石碗，两边各一朵对开的荷花，荷花下面一对慈姑叶，叶下用卷草纹与下半部的图案顺势相接。纹样轮廓内一一平填小卷草，边框与石碗的上缘焊粟金珠。耳环脚接焊于底衬，其端则绕到表面托起底部打一个小卷。

141 简报原称嵌物为翡翠。

41 金桃枝黄鸟图耳环（图1－41：1）
湖南临澧新合元代金银器窖藏

图1－41：1 金桃枝黄鸟图耳环 湖南临澧新合元代金银器窖藏

　　耳环为一对。其一长9.1厘米，重2.5克，其一长9.5厘米，重2.8克。它与前例属于同一类型，不过联珠之上留出了更多的空间用以装饰一树桃枝，又两侧桃实各一，顶端另有桃叶托起的桃实三枚，桃枝上、桃实下，是一只回首的黄鸟。有意思的是，它也见于瓷器图案，如元代露胎桃纹盘[142]，盘心纹饰的桃枝黄鸟，构图便与耳环纹样十分相近（图1—41：2）。而这一图式很可能是从宋人绘画中的翎毛小品取意，台北故宫藏宋人册页《荔枝黄鸟图》，似可昭示金耳环与青瓷盘共同的来源之一（图1—41：3）。就图案中的桃花与桃实而言，该是化用《诗·周南·桃夭》之意而成吉祥祝福，——"桃之夭夭，灼灼其华。之子于归，宜其室家"，是"桃之有华，正婚姻之时也"（朱熹《诗集传》）。

142 大维德基金会藏，今展陈于大英博物馆。

图1—41：2元露胎桃纹盘 大英博物馆展陈

图1-41:3《荔枝黄
鸟图》局部 台北故宫
博物院藏

42 金蝴蝶桃花荔枝纹耳环（图 1 − 42：1）
金蝶赶菊桃花荔枝纹耳环（图 1 − 42：2）

湖南临澧新合元代金银器窖藏

图 1 − 42：1 金蝴蝶桃花
荔枝纹耳环 湖南临澧新合
元代金银器窖藏

图 1－42：2 金蝶赶菊桃
花荔枝纹耳环 湖南临澧新
合元代金银器窖藏

　　蜂蝶花果是宋元耳环取用最多的题材，这两对也是常见的造型与样式，不过制作方法有所不同。金蝴蝶桃花荔枝耳环系以一枚金片衬底，复以一枚窄金条做成四周的立墙，扣合在上的饰片镂镂、打造为剔透的纹样：用联珠纹组成的细线双钩出来的蝴蝶、桃花、桃实、桃叶，又填饰空间的缠枝卷草，还有下凹的一个圆座，座上扣一个打作荔枝形象的半圆。耳环脚纵贯底衬而以一端抵住下边的桃嘴儿盘作一个卷，焊接于底片。两只耳环的图案安排相互呼应。其一通长 8.6 厘米，重七克；其一通长 8.2 厘米，重 7.4 克。金蝶赶菊桃花荔枝纹耳环却只用一枚金片镂镂、打造而成。——占据纹样中心的是一捧花叶托出的一朵桃花、一颗荔枝和一大朵秋菊，落在花心边缘的一只采花蝶轻轻踏翻了几枚菊花瓣，本是图案化的构图因此添得活泼轻灵之趣。用作固定耳环脚的细金丝从背面穿过来做成宛转在花丛中的须蔓，与纷披的花叶蔚成锦绣葱茏。其一通长 10.5 厘米，重 6.2 克；其一环脚稍残，通长 7.5 厘米，重 5.5 克。

　　蜂蝶花卉为组合的纹样，早流行于宋代织绣，福州南宋黄昇墓出土材质不同的领抹便是很集中的一批。把金耳环和其中的一件"绣蝶恋芍药花边"相比较，不仅见出构图和蝴蝶造型的极其相似，且连蝴蝶翅膀上面点缀小花也是一致的[143]。这一纹样在元明时代有"蜂赶梅"、"蜂赶菊"、"蝶恋花"之名，用于锦缎，也用于簪钗、钮扣等装饰品[144]。

43 金灵芝瑞兔纹牌环（图 1 - 43∶1）

湖南临澧新合元代金银器窖藏

造型略呈长方的耳环金代即已出现，其例见于黑龙江

143 福建省博物馆《福州南宋黄昇墓》，页130，图九九，文物出版社一九八二年。

144 《老乞大》铺陈的缎子纹样中有"蜂赶梅"；《天水冰山录》的首饰部分登录有"金厢蜂采花钗一根"、"金蝶恋花钗四根"、"金厢蝴蝶戏花珍宝首饰"等；《金瓶梅》第十四回提到"溜金蜂赶菊钮扣儿"。

图1—43：1金灵芝瑞
兔纹牌环 湖南临澧新合
元代金银器窖藏

绥滨县奥里米金代墓葬[145]。元代更发展出牌环，其称见于故宫本《碎金》。它的造型即如一枚长方形的小牌子，或金，或银，质极轻薄，——多半只有几克重，而以打造之功在上面做出花果纹样，一支耳环脚接在背后，或如瓜头簪子的做法，用细丝从背后的图案镂空处穿到前面，然后作成一对或两对盘绕的花蔓，耳环脚的一端通常要在耳环的底部打出一个卷，即如前举诸例。至于牌环的装饰题材，则多从两宋绘画中的写生小品取意，而以轻薄精巧纹样新异取胜。

"兔儿灵芝"是元代常见的吉祥图案，这一对金耳环的题材和构图，与苏州张士诚母曹氏墓出土银镜架一枚支板上面的纹样[146]，又内蒙古元集宁路故城遗址出土刺绣满池娇纹罗夹衫中的一个小配景，可视作同出一源[147]（图1—43：2），但它们设计构思的共同来源，又应追溯到北宋崔白的《双喜图》（图1—43：3）。牌环纹样不过把崔图中的一株秋树、两只山喜鹊易作灵芝瑞草。而兔子驻足的草坡、

145 方明达等《绥滨县奥里米辽金墓葬抢救性发掘》，图版三、四，《北方文物》一九九九年第二期。按简报称之为"金头饰"。

146 《苏州吴张士诚母曹氏墓清理简报》（见注12），图一二：3。

147 赵丰《织绣珍品》，页224，艺纱堂/服饰工作队一九九九年。

图1—43：2罗夹衫刺绣图案 内蒙古元集宁路故城遗址出土

图1—43:3《双喜图》
局部 台北故宫博物
院藏

回首的姿态，乃至抬起的一只前足，都与《双喜图》的图
式一致。虽然绘画的笔触之细腻为金耳环所不及，但于"传
写物态，蔚有生意"[148]，却并不逊色。耳环通长 8.5 厘米，
宽 2.5 厘米，重 4.3 克，两只相同。

44 银鎏金牡丹山石孔雀图牌环（图 1 — 44：1）

江西德安出土 [149]

　　牌环中最多见的一种图式是牡丹山石孔雀图，它也是
宋金元时代绘画和织绣等工艺品纹饰中的流行题材，如北
京丰台区金乌古伦窝伦墓出土玉奁匣盖面的牡丹山石孔雀
图 [150]（图 1 — 44：2），郑州登封王上金代壁画墓中的花树
山石孔雀图 [151]（图 1 — 44：3），如内蒙古达茂旗明水墓地
出土花鸟妆花罗中的单位纹样 [152]（图 1 — 44：4），又《事
林广记》一幅插图里的山石孔雀图屏风（图 1 — 44：5）。

148《宣和画谱》卷一七
说徐熙。

149 照片承江西省博物
馆提供。

150 北京市文物局《北
京文物精粹大系·玉器
卷》，图一一二，北京出
版社二〇〇二年。

151《郑州宋金壁画墓》，
图二三七（见注 9）。

152《织绣珍品》（见注
147），页 162。

图 1 — 44：1 银 鎏 金
牡丹山石孔雀图牌环
江西德安出土

图 1 — 44：2 牡丹山石孔雀图
北京丰台区金乌古伦窝伦墓出土玉奁匣

图 1 — 44：3 花树山石孔雀图
郑州登封王上金代壁画墓壁画

图 1 — 44：4 花鸟妆花罗纹样
内蒙古达茂联合旗明水墓地出土

图 1 — 44：5《事林广记》插图

　　德安金牌环以长方式造型构成图框，一带山石间的一只孔雀占据画面中心位置，孔雀左脚跷起将欲登石，填满其余空间的一大丛牡丹妆点出庭园景致。以纹样和造型而论，正可依《碎金》之称把它命作银牡丹山石孔雀图牌环。

　　耳环图案中的孔雀形象，或与宋邓椿《画继》卷十所载宋徽宗的"格物"故事有关，——"宣和殿前植荔枝，既结实，喜动天颜。偶孔雀在其下，亟召画院众史令图之。各极其思，华彩烂然，但孔雀欲升藤墩，先举右脚。上曰：未也。众史愕然莫测。后数日，再呼问之，不知所对。则降旨曰：孔雀升高，必先举左。众史骇服"（元汤垕《画鉴》亦载孔雀升墩事，而情节有异）。巧得很，耳环中的山石微呈起伏之势，山石之间的孔雀正是左脚跷起，似亦"升墩"之意，而它与山西侯马金墓中两幅砖雕牡丹孔雀屏心（图1－44：6），又广东省博物馆藏金代三彩剔花牡

图1－44：6 砖雕牡丹孔雀屏心 山西侯马金墓出土

丹孔雀纹枕的造型与构图都是一致的[153]（图1—44:7）。
这里表现出来的细节处理的准确，恐怕不会尽属巧合，
那么该是有一个来自绘画作品的颇存"格物之精"的共
同粉本。并且耳环并非孤例，出自益阳八字哨元代银器
窖藏的一枚银牌环，与德安牌环的构图便几乎相同（图
1—44:8）。同类图式的牌环湖南元代窖藏中尚有不少，

图1—44:7 三彩剔
花牡丹孔雀纹枕 广东
省博物馆藏

图1—44:8 银牡丹
山石孔雀图牌环 益阳
八字哨元代银器窖藏

如桃源文物管理处藏一对金牌环（图 1 — 44：9），如前
面提到的临澧新合窖藏中一对金穿玉山石孔雀耳环（图
1 — 44：10），——牡丹、山石、孔雀，构成图式的三
要素一样不少。虽碾作未可称精细，但物象神韵俱在，
也别有它的可爱。

图 1 — 44：9 金牡丹
山石孔雀图牌环 湖
南常德桃源文物管理
处藏

图 1 — 44：10 金穿玉
山石孔雀耳环 湖南临
澧新合元代金银器窖藏

45 金镶绿松石耳环（图1－45：1）

湖南临澧新合元代金银器窖藏

图1－45：1金镶绿松石耳环 湖南临澧新合元代金银器窖藏

154 明朱橚《救荒本草》。吴征镒《新华本草纲要》第二册（上海科学技术出版社一九九一年）定其为 Calonyction muricatum（L.）G.Don。

155 周汛等《中国历代妇女妆饰》，页155，图一九九，三联书店（香港）有限公司一九八八年。

156 河北省文物研究所《石家庄后太保村史氏家族墓发掘报告》，彩版五：7、8，《河北省考古文集》，东方出版社一九九八年。此承研究所惠允观摩及拍照。

157 刘冰《赤峰博物馆文物典藏》，页211，远方出版社二〇〇七年。

158 浙江省文物考古研究所等《海宁智标塔》，页116，图一一五，科学出版社二〇〇六年。

故宫本《碎金·服饰篇》"首饰"一节列出的耳环名称又有属之于南的"天茄"和属之于北的"葫芦"。天茄，也作天茄儿，又名丁香茄儿。"开粉紫边紫色心筒子花，状如牵牛花样，结小茄如丁香样而大。"[154] 它在这里应指一种金镶或银镶宝石耳环，宝石通常上小下大形状不很规则，其上或用金或用银装饰几枚下覆的花叶，再以一根金针或银针贯穿上下两部，于是成就一枚头顶枝叶的小茄子，无锡元钱裕夫妇墓出土的一对金镶琥珀耳环是其例[155]，又石家庄元史天泽家族墓出土的金镶绿松石耳环[156]，赤峰博物馆藏元代金镶绿松石耳环[157]，浙江海宁智标塔地宫出土的一对银镶绿松石耳环[158]，等等，样式与工艺基本相同，似均可当得"天茄"之名（图1－45：2、3、4）。新合金镶宝绿松石耳环也正是此类。——一颗绿松石的上端覆以金花金叶，花叶上边是一个小金托，内里原当嵌宝。与耳环脚相接的金丝从绿松石的小孔中穿过，然后在底端盘绕成花蔓，一面稳稳托住绿松石，一面形成与整个装饰图案的呼应。窖藏中的同式耳环共七件，其中两对保存完好，另外三件失绿松石，却正好可以见出它的结构及会得它的制作过程（图1—45：5）。

绿松石，元代称作"碧钿子"或"甸子"，出湖北者，名"襄阳甸子"[159]。可以说，中国古代的宝石加工始终不很发达，金银首饰嵌宝也不是常见的

图1—45：2金镶绿松石耳环 石家庄元史天泽家族墓出土

159 "碧钿子"，见《事林广记·至元译语》"珍宝门"。陶宗仪《南村辍耕录》卷七"回回石头"一项所列"甸子"有三种，所谓"荆州石"者，云即"襄阳甸子"。

图1—45：3金镶绿松石耳环 赤峰博物馆藏

图1—45：4金镶绿松石耳环 浙江海宁智标塔地宫出土

做法，直到元代才开始多起来，——新朝统治者带来对所谓"回回石头"的喜爱，此风遂盛。不过细致的加工仍然谈不到，托座与宝石的扣合因此多半不很紧密，也因此极易脱落。天茄耳环利用宝石的天然形状稍事琢磨，以穿系的办法用来固定，样式显得很自然，由是成为"时样"之一种而通行于南北。

图1—45：5金镶绿松石耳环（失绿松石）湖南临澧新合元代金银器窖藏

46 金葫芦耳环（图 1 － 46：1）

湖南临澧新合元代金银器窖藏

银葫芦耳环（图 1 － 46：2、3）

湖南株洲堂市乡元代金银器窖藏

图 1 － 46：1 金葫芦耳环
湖南临澧新合元代金银器
窖藏

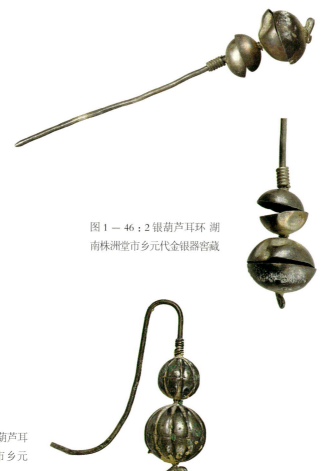

图 1 — 46：2 银葫芦耳环 湖
南株洲堂市乡元代金银器窖藏

图 1 — 46：3 银葫芦耳
环 湖南株洲堂市乡元
代金银器窖藏

　　葫芦耳环也是元代的流行式样，元熊梦祥《析津志·风
俗》说到女子妆束，所举耳环式样有"天生葫芦"，元代皇
后画像有戴珠玉葫芦耳环的形象，《新编对相四言》中与"镮"
字对应的图，便正是这一典型样式（图1-46：4）。金银葫
芦耳环则是金银制作的"像生"，有实心和空心两种做法，
这两对均属后者。即用薄金片或薄银片做成打造出瓜棱的
一大一小两个半圆，扣合到一处即成一个小葫芦，然后用
金针或银针把它穿起来，底端探出的部分挽个小结若葫芦

藤，顶端探出的部分便成耳环脚。如此做出的耳环分量极轻，——新合金葫芦耳环重五克，堂市乡的银葫芦耳环，重仅 1.5 克。葫芦耳环其实也是南北通行的。

图 1 － 46：4《新编对相四言》镊图 美国哥伦比亚大学史带图书馆藏

47 金莲花化生耳环一对（图 1 － 47：1）

浙江龙游高仙塘出土 [160]

化生和仙人是宋元金银耳环中最为常见的两类人物形象。"化生"之名源出释典 [161]，其形象在中土也出现得很早，不过却并不十分拘泥于经义，而常常是作为一种意象，灵活布置在各种形式的艺术品中。如河北邯郸磁县东魏茹茹公主墓出土的一枚金嵌珠宝饰件，化生童子与捧盘飞仙、莲花台上的鹦鹉一起簇拥在一茎莲花之畔 [162]（图 1 － 47：2）。到了唐代，"化生"已别有它的"世间相"，如长沙窑釉下彩童持莲花纹壶中的形象。两宋，"化生"则定型为持花或攀枝的童子，并且多已脱离于释典中的特定意义，而成为一种运用极普遍的装饰艺术。北宋李诫《营造法式》卷一二"彫作制度"项下云，彫混作之制，有八品，一曰神仙，二曰飞仙，三曰化生；注云，"以上并手执乐器或芝草、华果、缾盘、器物之属"。其后附图，所绘"化生"即莲花上的舞蹈童子。山西金墓里仿真建筑的雕作装饰中，多见或者持花或者攀枝的小儿 [163]，应即《法式》中说到的手持芝草或

160 照片承郑嘉励提供。

161 日人吉村怜曾有过很仔细的讨论，见所著《天人诞生图研究——东亚佛教美术史论文集》，中国文联出版社二〇〇二年。

162 邯郸市文物研究所《邯郸古代雕塑精粹》，图一九，文物出版社二〇〇七年。

163 《平阳金墓砖雕》（见注9），图一九八、二二〇。

图 1 — 47：1 金莲花化生耳环 浙江龙游高仙塘出土

图 1 — 47：2 金嵌珠宝饰件
河北邯郸东魏茹茹公主墓出土

花果的化生。而如果"手执乐器"，那么与天国伎乐也就无多分别，或者可以说二者在很多时候已是合一了。

金莲花化生耳环一对出自浙江龙游高仙塘一座南宋末年的墓葬。耳环中的化生便是一个站在一个三重莲花座上的伎乐童子，一手擎花枝，一手持排箫，张口作吹奏状。腰间一朵大花，中心的花蕊处原当嵌珠或嵌宝。一根细金条留出三之二用作耳环脚，此外的三之一把耳环的各个装饰部分，即童子、三重莲花和花叶通贯起来，然后在底端打一个卷，与莲花座穿在一起的四枚叶片向下弯折，这一部分便被掩住了。两边用窄金片折作波曲状的帔帛，上与背撑接焊，下与托座相连，如此，它既为装饰，同时又有着固定的作用。与此类似的一对金耳环发现于济南的一处宋金窖藏，二者的细部处理，如波曲状的帔帛，如腰间的大花，几乎是相同的[164]（图 1 — 47 : 3）。可作对比的更有

164 照片资料承高继习提供。

图 1 — 47 : 3 金莲花化生耳环 济南宋金窖藏

宁夏临河市高油坊出土一对西夏时期的金耳环，就造型与装饰来说，这是最为富丽的一例（图1—47：4）。而它的创作构思很可能得意于同时代其他门类的装饰艺术，如藏出自黑水城的一件缂丝绿度母唐卡[165]（图1—47：5）。

165 金耳环今藏内蒙古博物院，唐卡今藏艾尔米塔什博物馆，本书照片均为参观所摄。

图1—47：4 金莲花伎乐耳环 宁夏临河市高油坊出土

图1—47：5 缂丝绿度母唐卡 局部a 黑水城出土

图1—47：5 缂丝绿度母唐卡 局部b 黑水城出土

第七节　金钏，金铤，金帔坠

48 金四季花卉纹钳镯（图 1 － 48：1）

金四季花卉纹指镯（图 1 － 48：2）

浙江建德大洋镇下王村宋墓出土¹⁶⁶

166《浙江建德市大洋镇下王村宋墓发掘简报》（见注 118），页 7，图六。

图 1 － 48：1 金四季花卉纹钳镯 浙江建德大洋镇下王村宋墓出土

图 1 － 48：2 金四季花卉纹指镯 浙江建德大洋镇下王村宋墓出土

167 吴自牧《梦粱录》卷二〇"嫁娶"条："且论聘礼，富贵之家当备三金送之，则金钏、金铤、金帔坠者是也。若铺席宅舍或无金器，以银镀代之。"关于金钏的讨论，见孙机《缠臂金》，《中国文物报》二〇〇一年七月十八日；关于帔坠的讨论，见孙机《中国古舆服论丛（增订本）·霞帔坠子》（文物出版社二〇〇一年）。

168 陈晶、陈丽华《江苏武进村前南宋墓清理纪要》，页 252，图五，《考古》一九八六年第三期。简报推测墓主是官至副相的毗陵公薛极或其亲属。

169 《浙江湖州三天门宋墓》（见注 128），页 42，图一。

170 同又有"相宅口"残金片，而浙江兰溪南宋墓出土的银杯和银瓶，底部俱有"相宅沈四郎"长方形标识（兰溪市博物馆《浙江兰溪南宋墓》，页 672，《考古》一九九一年第七期）。二者如果为一事，那么这应该是同出一家很有信誉的金银铺。

171 《江西发现几座北宋纪年墓》（见注 96），页 29，图版四：7。

172 湖州市博物馆《浙江湖州菁山宋墓》，彩版四：3，《东南文化》二〇〇七年第四期。

金钏，金铤，金帔坠，南宋时候为聘礼中的"三金"，无金，银鎏金可代之[167]。江苏武进村前南宋五号墓出土金钳镯一，缠钏式金指镯一，银鎏金霞帔坠子三[168]；浙江湖州三天门南宋墓出土金钳镯四，金指镯三，金霞帔坠子一[169]，是"三金"俱备的两个例子。后者所出三枚金指镯的内里均有"相"字铭[170]。

金钏大致可以包括两种，一是单环的手镯，一是多环连续的所谓"缠臂金"，此即天理本《碎金》服饰篇"钗钏"一项列出的"钳铤"和"缠钏"。铤即镯，宋代文献多写作铤。腕饰一类，早期称作条脱、钏、腕钏，而名称与形制的对应并不十分固定。宋人的"钳铤"和"缠钏"，是把腕饰之属的两类主要样式区分得很明确了。

钳镯为开口式，这是唐代即已定型的传统样式，即做成中间宽，然后向开口处的两端收窄乃至收细的一枚扁片，近端处或细丝缠绕或外翻打卷以为收束，并且成为简单的装饰。这一种样式的手镯展开来便形若一枚柳叶，——存置时它常常是如此状态，因此有时会被误认作"发簪"。

两宋钳镯的式样大致可以别作两种类型，即一为宽式，一为窄式。宽式通常在镯面打作两道或两道以上的弦纹，窄式则否。彭泽易氏夫人墓出土一对银钳镯，中间的一道弦纹把镯面两分，一半錾刻缠枝瓜果，一半光素无纹，收细的两端做出螺旋纹以仿缠绕之意。镯内里有"官"字铭[171]（图 1 — 48：3）。武进村前南宋墓出土的金钳镯则打作三道凹线分隔镯面，似为显出多重的效果（图 1 — 48：4）。此两类均可视作宽式。绍兴市桐梧村南宋墓出土云月纹金钳镯、湖州菁山南宋墓所出七件银鎏金钳镯（图 1 — 48：5），则可以算作窄式一类，其镯面向着两端没有明显的收分[172]。

图1－48：3 银钳镯 江西彭泽北宋易氏夫人墓出土

图1－48：4 金钳镯 武进村前南宋墓出土

图1－48：5 银鎏金钳镯 湖州菁山南宋墓出土

与金钏并举的金铤，应是金戒指。宋元常以指铤亦即指镯为称。天理本《碎金》服饰篇所列有"指铤"。《百宝总珍集》卷五"蝎子"条云，"小者多嵌指铤间"。蝎，也作刺，红宝石之类。元乔吉〔越调〕《小桃红·指镯》"紫金铁钿巧镯儿，怪称无名指，花信今春几番至"[173]，所咏正是金指镯。"花信"云云，也可见指镯所系结的一份特别的欢喜。指镯多见于南宋，按照手镯的分类，也可以别作钳镯式和缠钏式两种类型。

建德宋墓所出是纹样风格和铭文均一致的钳镯与指镯各一对。金钳镯为四季花卉纹，一件断作两截，一件断作三截。整个图案是以浅凹线为界分作上下两重装饰带，一重的主花为牡丹，以此为中心，两边依次打作桃花、菊花、山茶。一重依然以牡丹为中心，不过两边的辅花与另一重交错排列。金指镯一对，同样是以浅凹线将装饰带三分，中间一层打作牡丹，上下打作山茶。钳镯与指镯两端均有相同的两行铭文，即"小西门北吴五郎造"。这种样式的钳镯和指镯虽然多见于两宋，不过元代也仍有其例。长沙市火把山出土一件元代金缠枝卷草杂宝纹钳镯，形制和纹样与建德宋墓出土的另一对金缠枝卷草纹钳镯便是很接近的[174]（图 1 — 48：6、7）。

173 《全元散曲》，页591。

174 王立华《长沙馆藏文物精华》，页98，湖南美术出版社二〇〇七年。

图 1 — 48：6 金缠枝卷草杂宝纹钳镯 长沙市火把山出土

图 1 － 48：7 金缠枝卷草纹钳镯 浙江建德大洋镇下王村宋墓出土

49 金缠钏（图 1 － 49：1）

江西安义石鼻李硕人墓出土

银缠钏（图 1 － 49：2）

湖南临澧新合元代金银器窖藏

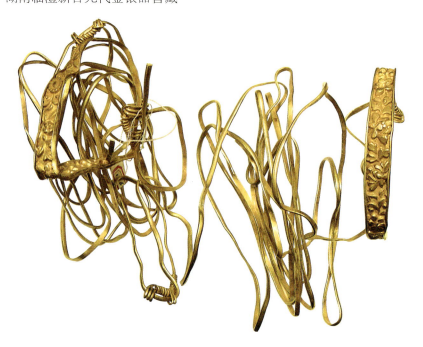

图 1 － 49：1 金缠钏 江西安义石鼻李硕人墓出土

图1—49:2 银缠钏
湖南临澧新合元代金
银器窖藏

多环连续的"缠臂金",便是天理本《碎金》中的"缠
钏"。它有环少环多、装饰或简或繁之别,而共同的做法是
在镯头用粗丝缠作活环与下层的连环套接,因可以它的左
右滑动来调节松紧。福州茶园山南宋许峻墓出土的七件"银
条脱"即是此类[175]。李硕人墓出土金缠钏两边镯头分别打
作折枝花卉,新合窖藏银缠钏两端镯头装饰荷花、莲蓬、
慈姑叶等组成的莲塘小景,两例都是宋元流行的主要样式。
前者重375克,后者重70克。沅陵元黄氏夫妇墓出土一对
金缠钏除边缘打作弦纹之外,通体光素无纹,为装饰最为
简单的一种(图1—49:3)。

175 福建省博物馆《福
州茶园山南宋许峻墓》,
页29,图一九,《文物》
一九八五年第十期。

图1—49:3 金缠钏
沅陵元黄氏夫妇墓出土

50 金连珠镯（图 1 - 50：1）

银连珠镯（图 1 - 50：2）

湖南临澧新合元代金银器窖藏

"连珠镯"的名称见于故宫本《碎金》，它出现于宋代，而成为元代金银手镯的流行样式。连珠镯分空心和实心。前者打造成形，是省料的一种；后者模铸成型，自有沉甸甸的分量。不论哪一种，连珠镯钳口处的两端均装饰一对口中衔珠或不衔珠的龙头，都是取二龙戏珠之意。新合窖藏的这一枚金镯为空心，直径 6.2 厘米，重 27.25 克；银镯为实心，直径 6.3 厘米，重 75 克。

图 1 - 50：1 金连珠镯
湖南临澧新合元代金
银器窖藏

图 1 - 50：2 银连珠镯
湖南临澧新合元代金
银器窖藏

51 金镶绿松石戒指（图 1 - 51）

湖南临澧新合元代金银器窖藏

早期中国样式的戒指以指环为主，或金，或银，或玉，而指环做出镶宝之戒面的华丽样式，多非出自中土工匠之手。至宋末元初戒指镶宝即所谓"窟嵌"之风才兴盛起来。——《朴通事谚解·上》"一对窟嵌的金戒指儿"，注云："窟嵌者，指环之背剜空为穴，用珠填穴为饰。"不过就已经发现的元代遗存来说，数量仍不是很多。临澧新合窖藏中的这一枚金镶绿松石戒指，戒面直径一厘米，向内的一面錾刻一株灵芝草，石碗做出四个包脚，内里嵌一颗绿松石，外面周回焊金珠，可代表元代戒指式样之一般。

图 1 - 51 金镶绿松石戒指 湖南临澧新合元代金银器窖藏

52 金鸾凤穿花纹帔坠（图1－52：1）

南京幕府山宋墓出土¹⁷⁶

金满池娇纹帔坠（图1－52：2）

江西安义石鼻南宋李硕人墓¹⁷⁷

"三金"中的金帔坠乃是霞帔底端的一个压脚。霞帔作为礼服出现在北宋¹⁷⁸，原属命妇之特赐，高承《事物纪原》卷三"帔"条云"霞帔非恩赐不得服，为妇人之命服"，但实际上这一制度并没有被严格遵从。

宋代帔坠以滴珠式造型为多，比如南京幕府山宋墓出土的这一件。它是用两枚金片打造为相同的纹样然后扣合在一起。图案上方一枝菊花，左边山茶，右边牡丹，花间对舞着俯仰顾盼的一鸾一凤。顶端打作花结，以为佩系。

176《南京幕府山宋墓清理简报》（见注37），图版三:1；首都博物馆《中国记忆——五千年文明瑰宝》，页252，文物出版社二〇〇八年。

177 肖发标《华贵绚丽——江西出土金器撷珍》，彩版一:7，《南方文物》二〇〇六年第二期（文中称作"金香囊"）。此承江西省博物馆惠允观摩及拍照。

178 欧阳修等编《太常因革礼》卷二十五曰皇后常服"龙凤珠翠冠，霞帔"。南薰殿旧藏宋宣祖后坐像，其妆束正是如此，霞帔角下且系着坠子。宣祖乃太祖和太宗之父，太宗称帝后追封，后杜氏。

图1－52：1金鸾凤穿花纹帔坠 南京幕府山宋墓出土

图 1 — 52：2 金满池娇纹帔坠 江西安义南宋李硕人墓出土

179 帔坠直径 6.5 厘米，两面装饰双凤纹，顶端边缘处有一个小孔，丝线从小孔穿出，然后系在霞帔上。《福州南宋黄昇墓》（见注 143），页 79，图版一〇八。

除此之外也有圆形，如福州南宋黄昇墓中的一件莲花对凤纹金帔坠，出土时它即系在刺绣四季花卉罗霞帔的底端[179]。

出自李硕人墓的金帔坠比其他略小，直径只有 4.2 厘米。此外一点不同是两面纹样各异，即一面是满池娇，一面是毬路纹。毬路纹原是宋元时代各种艺术装饰中的流行纹样，其单元图案之间的隔空正好凑成如同铜钱一样的方孔，今人因此常把它称作钱纹，其实直到明清它才从观念上演变为"古老钱"或"连钱纹"，宋元时代却是另外的寓意，即用作象征官运，此应是从作为显宦特赐之服饰的毬路纹金带而来[180]，同时也不妨引申为一般的吉祥祝福。

把毬路纹中的一分子单独提取出来，再于上下左右略加妆点，便成"绣球"[181]。分别出自福州南宋端平二年墓和德安南宋周氏墓的银鎏金帔坠式样大体相同：帔坠滴珠形的边框里，上方竖一枚鎏金牌子，上饰"转官"二字，下方打作周回系着花结的鎏金"绣球"，两面纹样一致（图1—52：3、4）。

纹样中的"绣球"，时人名作"转官毬"，而花开团团的绣毬花当日也有此名。南宋陈著《四月三日与家人小酌转官毬花因成八句略为花吐气也》："红芳销歇后，天质最分明。剪衬青云薄，团成白雪轻。官途荣进取，时样妄推评。本色相看处，幽窗不世情。"所谓"时样妄推评"，即转官毬其时被用作装饰纹样而寄寓荣华富贵之意，连带花也沾染俗情，诗人因此反其意而咏之。又南宋赵文有词调寄《凤凰台上忆吹箫》，而题作"转官毬"，亦咏此物并道及转官之意，其下阙云："凭阑。几回淡月，怪天上冰轮，移下尘寰。奈堪同玉手，难插云鬟。人道转官毬也，春去也，欲转何官。聊寄与、诗人案头，冰雪相看。"[183] 如此再反观前面举出的两枚银鎏金帔坠，"转官"二字无异于为纹样中"绣球"标示名称，即"转官毬"也。也因此可以为之定名，即"银鎏金转官毬纹帔坠"。转官，指官员品阶的迁转，是与俸禄相关的官阶之提升，俗间似即用作"仕途显达"之祈愿[184]。湖南衡阳西渡区何家皂北宋一号墓出土一件狮子戏毬"富"字绫夹衣残片，便径以"富"字点明纹样寓

180　欧阳修《归田录》卷二云太宗时创以金镣之制以赐群臣，"方团毬路以赐两府"。

181　或援张师正《倦游杂录》以定其名为"流苏"，似乎未确。高似孙《纬略》卷一〇"流苏"条撮述张语，下并引古诗补作书证，是张、高二氏所考均为古诗中的所谓"流苏"，而非作为"时样"的图案。

182　《福州文物集粹》（见注107），图八六；《德安南宋周氏墓》（见注55），图三：25。后者照片为观展所摄。

183　《全宋词》，册五，页3325。

184　《新编事文类要启劄青钱·续集》卷二《庆贺仕途简劄》"贺人转官"列其程式曰："显庸涣渥，峻陟华资，英誉流传，善类胥悦，第恐搢绅之交荐，不容州县之徒劳。"答式曰："满岁为官，敢希近日自天锡宠，忽拜殊迁。靖循徽冒之由，端自榆（揄）扬之赐。"可见其意。

图 1 — 52 : 3 银鎏金帔坠 福州南宋端平二年墓出土

图 1 — 52 : 4 银鎏金帔坠 江西德安南宋周氏墓出土

意[185]（图 1 − 52：5）。作为嫁娶必备的"三金"之一，帔
坠纹样所表示的也正是这样的意思。

又上海宝山区月浦乡南塘村谭氏夫妇墓出土一枚银鎏
金帔坠[186]（图 1 − 52：6），主体图案为满池娇，转官毬则
安排在一对交颈鸳鸯之下，它与李硕人墓金帔坠其实仍为
一系，不过是把两面的图案合在了一面，而仕途显达、夫
妻好合的寓意总是不变的。

185　陈国安、冯玉辉《衡
阳县何家皂北宋墓》，图版
五：1，《文物》一九八四
年第十二期；《中国织绣
服饰全集·织染卷》（见
注 27），图二五〇。

186　《上海考古精粹》
（见注 129），图三〇五。
据同出的一方墓志，谭
氏卒于端平元年，其妻
卒于嘉定十七年。本书
用图为参观所摄。

图 1 − 52：5 夹衣残
片纹样（万芳摹） 湖
南衡阳西渡区何家皂
北宋墓出土

图 1 − 52：6 银鎏金
帔坠 上海宝山区月浦
乡谭氏夫妇墓出土

53 银祥瑞图帔坠（图 1 − 53∶1）

湖南临澧新合元代金银器窖藏

金二龙戏珠纹帔坠（图 1 − 53∶2）

长沙市火把山出土 [187]

187《长沙馆藏文物精华》（见注 174），页 97。

图 1 − 53∶1 银祥瑞图帔坠 湖南临澧新合元代金银器窖藏

图 1 － 53：2 金二龙戏珠纹帔坠
长沙市火把山出土

图 1 － 53：3 祥瑞图玉佩
西安交通大学出土

　　两宋圆形与滴珠形两种造型的帔坠都为元代所继承。新合银帔坠直径 6.2 厘米，重 27 克。式若做出子母口的圆盒，可开可合，盒边有环可系链，盒的两面图案一致。下为錾刻出水波纹的一方小池塘，水边一只小龟，一只仙鹤，池畔假山，山石边一丛竹，一只卧鹿在竹之左，一只回首顾盼的鹿立在竹之右。竹的上方一株松，松叶松果之间一对鸟，周环安排灵芝、桃花与莲花。比较西安交通大学出土的一枚宋代玉佩，颇可见出二者构图的一致 [188]（图 1 － 53：3），显示了宋元时代工艺品图式在不同门类间的传播。

　　二龙戏珠也是当时的流行纹样，比如伦敦斯宾克公司藏一件元代早期的对龙对凤两色绫 [189]（图 1 － 53：4），比

188 玉佩今藏陕西历史博物馆，本书用图为参观所摄。

189《织绣珍品》（见注 147），页 275。

如辽宁省博物馆藏一面金代双龙镜[190]（图 1 − 53：5）。出自长沙火把山的金帔坠虽然把这一图式安排为适形图案，不过并没有采用均衡对称的图案化方式，——像同时代的丝绸纹样一般。它以双龙上下呼应的蟠卷之势完成整体造型，而以二龙细部处理的不同显示出对称中的不对称。中心的宝珠把火焰变形为卷草，与龙鬣、龙尾汇为舞动之韵。小小的空间里构图因素不多，却格外显得饱满有力。帔坠长 9.5 厘米，最宽处 6.4 厘米，重 29 克。

图 1 − 53：4 对龙对凤两色绫
伦敦斯宾克公司藏

图 1 − 53：5 双龙镜
辽宁省博物馆藏

第八节 巾环

54 银联珠纹巾环（图 1 − 54：1）

银花卉纹巾环（图 1 − 54：2）

湖南临澧县柏枝乡南宋窖藏

图 1 − 54：1 银联珠
纹巾环 湖南临澧县柏
枝乡南宋窖藏

　　银联珠纹巾环，直径 3.4 厘米，重五克，九个大联珠
和每个大珠周边的小联珠均系打造而成。银折枝花卉纹巾
环，直径 3.5 厘米，重三克，一枝菊花、一支茶花分饰于
银环两边，另外两边的花叶之侧各有一个小孔。

　　所谓"巾环"，即头巾环子，宋代多为武人所用。它
的流行大约是由北及南，由辽金而至宋元明。苏轼《谢陈

图 1 — 54：2 银花卉纹巾环 湖南临澧县柏枝乡南宋窖藏

191 此典为宋人所习用，而小冠之上覆巾又正是两宋士人喜着的闲居之服。南宋许及之《病赤目从薛山甫借荷叶巾》句云"小冠预拟更名字，借与团圆藕叶纱"（《全宋诗》，册四六，页 28381），亦其例。

192 清王文诰辑注《苏轼诗集》，册四，页 1118，中华书局一九九二年。按关于巾环的具体用法及各种类型，见孙机《玉屏花与玉逍遥》，页 88，《文物》二〇〇六年第十期。

季常惠一掩巾》："夫子胸中万斛宽，此巾何事小团团。半升仅漉渊明酒，二寸才容子夏冠。好戴黄金双得胜，休教白苎一生酸。臂弓腰箭何时去，直上阴山取可汗。"诗作于元丰年间黄州团练使任上。"掩巾"之掩，在这里为覆意。"半升仅漉渊明酒"，用陶渊明葛巾漉酒事；"二寸才容子夏冠"，用西汉杜钦二寸小冠之典[191]。"好戴黄金双得胜"，宋施元之注："按世人巾裹，以黄金为大环，双系其带，谓之得胜环，疑用此事。"[192] 关于得胜环故事，岳珂《桯史》卷七有一则纪事，曰秦桧以绍兴十五年得赐宅第及银绢千万，"有诏就第赐燕，假以教坊优伶，宰执咸与。中席，优长诵致语，退，有参军者前，褒桧功德。一伶以荷叶交倚从之，诙语杂至，宾欢既洽，参军方拱揖谢，将就倚，忽堕其幞头，乃总发为髻，如行伍之巾，后有大巾镮，为双叠胜。伶指而问曰：'此何镮？'曰：'二胜镮。'遽以朴击其首曰：'尔但坐太师交倚，请取银绢例物，此镮掉脑后可也。'一坐失色"。情节相似的记述又见南宋赵湮《养疴漫笔》，却是绍兴初杨存中制二胜玉帽环献高宗，旁有伶人云云[193]。《桯史》系之于秦桧，而于环的用法叙述详细。所谓"叠胜"，即两个菱形环相套叠。总发为髻，覆巾如行伍巾之式，然后把巾之两端分别穿入叠胜环的两边，环于是可以用作固定，一面又可以调节松紧。"好戴黄金双得胜，休教白苎一生酸。臂弓腰箭何时去，直上阴山取可汗"，是为武人妆束也。宋元小说对此更有传神的形容，如话本《红白蜘蛛》描写在东京开着金银铺和一所赁库的张员外出行时节"打扮得一似军官"，——"裹四方大万字头巾，带一双扑兽匾金环，着西川锦苎丝袍，系一条乾红大匾绦，挥一把玉靶压衣刀，穿一双翰靴"。同篇又有东京破落户的一番妆束，道是"裹一顶蓝青头巾，带一对扑匾金环，着两上领白绫子衫，腰系乾红绒线绦，下着多耳麻鞋"。可知"军官"式的结束也为商贾富户乃至一班市井浮浪子弟所喜。

目前所知，巾环早期实物的出土多见于金代墓葬。如北京丰台区金乌古伦窝伦墓出土一枚竹节式玉巾环（图1—54：3），北京房山金太祖陵出土一对竹节式金巾环[194]（图1—54：4）。巾环的使用见于黑龙江阿城金代齐国王完颜晏墓，墓葬出土了保存完好的头巾，其中之一为齐王妃物，内有铁丝编就的胎网，即《金史·舆服志》所谓"盛子"，盛子之外覆皂罗，它是用头巾稍后两侧的带子穿过一对竹

193《说郛》宛委山堂本卷四七。

194 前者直径 4.9 厘米。《北京文物精粹大系·玉器卷》（见注150），图一〇九；后者直径四厘米。《北京金代皇陵》（见注68），页 77，彩版一三：3。

图 1 - 54 : 3 玉竹节式巾环 北京丰台区金乌古伦窝伦墓出土

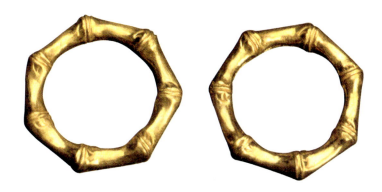

图 1 - 54 : 4 金竹节式巾环 北京房山金太祖陵出土

195《金代服饰——金齐国王墓出土服饰研究》（见注 19），页 25～26。按竹节式巾环应为当时的流行式样，发现不止一例，有金，也有玉。《百宝总珍集》卷一"玉插"条说到玉插有时不大好卖，或可改作"甘蔗肥头巾环子，多有人要"。此"甘蔗肥头巾环子"，与竹节式应属同类。

节巾环而系结[195]（图 1 - 54 : 5）。一个很好的对照是台北故宫博物院藏南宋陈居中《文姬归汉图》，图中蔡文姬的妆束原是以金人为蓝本：花珠冠，冠侧的玉饰，系结花珠冠的巾环，乃至衣裙的纹样，相似几如齐王妃的一幅写真（图 1 - 54 : 6），只是在多次翻制的印刷品中巾环已不大容易看清。《宋史》卷一五四《舆服六》说到宋人联合元兵夹攻金人于蔡州，所获"亡金宝物"若干，其一为"碾

玉巾环"；叶子奇《草木子》卷三下《杂制篇》云"巾环"，
"金服也"。又元好问《续夷坚志》卷一云，宣和方士烧水
银为黄金，铸为钱，"汴梁下，钱归内府，海陵以赐幸臣，
得者以为帽环"。海陵，即金海陵王完颜亮。此所谓"帽环"，
便是巾环[196]。方士烧水银为黄金固不可信，但金人得金钱
而把它熔铸后制为巾环，应非虚构。

196 南宋刘过《東胡卫
道》之二句有"襃衣博
带休相笑，前带头巾金
帽环"，《龙洲集》卷八。

图 1 — 54 : 5 金竹节式巾环
黑龙江阿城金代齐国王墓出土

图 1 — 54 : 6《文姬归
汉图》局部 台北故宫
博物院藏

　　中原男子久有发髻裹巾的传统，虽然不同阶层的人头
巾式样各有不同，然而宋代以前均不施巾环，或者因为庶
民之巾本来是简朴的妆束，士人之巾则是闲居之服，因此
皆不必求奢华之饰。而辽、金的"头裹皂头巾"却是可以
用于正式场合的服饰，其上用玉、用金加意妆点自在情理
之中。

　　头巾环子为宋人习用之后，其实颇有所取舍，——第一，
未如金人那样施于女子，这当然是宋、金女子服饰不同的
缘故。第二，它在士人当中始终不很流行，或者也可以说，
是很少使用的。

第九节　佩件

55 银牡丹鸾凤纹项牌（图1－55：1）

江西星子县陆家山宋代银器窖藏[197]

197 《中国金银玻璃珐琅器全集·金银器》（见注20）第二卷，图二一四（图版说明作"银花鸟纹帽帘"）。本书照片承江西省博物馆提供。

图1－55：1银牡丹鸾凤纹项牌 江西星子县陆家山宋代银器窖藏

198《邯郸古代雕塑精粹》（见注162），图157。

199《浙江宁波天封塔地官发掘报告》（见注105），图版三：5，按图版说明称作"涂金项饰"。

常见的项饰主要有两种，一是项圈，此多为孩儿佩戴，邯郸峰峰矿区金代崔仙奴墓出土的红绿彩婴儿俑即是形象的一例[198]（图1－55：2）。宁波天封塔地官出土一件宋代银鎏金花卉童子纹项圈，与婴儿俑所佩正是相同的样式[199]。《西游记》第四十三回曰红孩儿的颈项、手足被观音套了金箍，悟空笑道："我那乖乖，菩萨恐你养不大，与你戴个颈圈镯头哩。"可知它的传统寓意。而明代为小儿保平安的项圈和手镯多是合为一副，《金瓶梅》第三十九回道西门庆往玉皇庙为小儿打醮，吴道官送了"一付银项圈条脱，刻着'金玉满堂，长命富贵'"，也是一例。

图1－55：2 红绿彩婴儿俑 邯郸峰峰矿区金代崔仙奴墓出土

宁波天封塔地宫与项圈同出的还有一件所谓"涂金锁形饰"[200]，其实它是一枚银鎏金缠枝花鸟纹项牌，便是项饰中的另一种。

200《浙江宁波天封塔地宫发掘报告》（见注105），图五六：2。

百爵斋本《碎金·服饰篇》"钗钏"中列有"项钳"，此与"钳镯"的名称命意相同。"项牌"之名，则列在故宫本《碎金·服饰篇》"女服·北"条下。项牌通常会以"一副"为称，因为它的上下一般是要系坠成串的珠子、珊瑚之类，即所谓"璎珞"，或俗称为"络索儿"。元刘庭信〔正宫〕《端正好·金钱问卜》"穿一套藕丝衣云锦仙裳，带一付珠珞索玉项牌"[201]，所咏即是。虽然它说的是"玉项牌"，易之以金银，却也是一样的。上海人民美术出版社藏传王振鹏《货郎图》中，有佩戴项牌的女子形象（图1 — 55：3）。

201《全元散曲》，页1435。

图1 — 55:3《货郎图》局部 上海人民美术出版社藏

202《中国金银玻璃珐琅器全集·金银器》（见注20）第二卷，图二五一，图版说明作"金披风饰"。

203 湖州市博物馆《湖州市博物馆藏品集》，图九八，西泠印社一九九九年。

金银项牌实物发现得很少。四川阆中市双龙镇宋墓出土一件金制品，乃三枚项牌系连在一起[202]。陆家山窖藏中的这一件是与它相似的弯月式造型，下缘打作五个如意云头，中间一大朵枝叶簇拥的牡丹，两侧鸾凤对飞，旁边分别打作菊花和栀子，两个尖角处又分别装饰孔雀羽。弯月两端的挂钩做成一对长颈下弯的孔雀头，便正好与项牌两个尖角处的孔雀羽合作一幅图案。项牌侧边的两个如意头之端各系银索，银索下边原来必是各缀饰件的。右上角边缘处有"唐重三郎"款。

56 银对蝶佩（孟家蝉）（图 1 - 56：1）

浙江湖州龙溪乡三天门宋墓出土[203]

银对蝶长 8.5 厘米，宽 7.5 厘米，系上下两片扣合为一，即在分别打作成形的两片蝴蝶上端交错做出两对扁管，把一根轴杆穿入其中，然后将两端卷起以为蝴蝶须子，轴杆两边的两片蝴蝶于是可张可敛。相似的银饰件也见于四川

图 1 - 56：1 银对蝶佩（孟家蝉）浙江湖州龙溪乡三天门宋墓出土

德阳孝泉镇宋代银器窖藏[204]、浙江省博物馆藏品[205]（图1—
56：2），又福州南宋黄昇墓。更早的例子，有发现于辽宁
朝阳北塔天宫的一枚辽代玉对蝶，两只蝴蝶的尾部分别做
出一个环孔，相对处蝶须间的小孔里穿系银丝，正是佩饰
的形制[206]（图1—56：3）。可见宋代作为佩件的银对蝶原
是有所继承。而出自浙江大学北宋一号墓的银对蝶，是置
于银钿定窑白瓷粉盒里[207]（图1-56：4），更像是在回应一
个唐代的传说。段公路《北户录》卷三"鹤子草"一则中
说道：鹤子草，蔓花也，"草蔓上春生双虫，常食其叶，土
人收于茭粉间，饲之如养蚕法，虫老不食而蜕为蝶，蝶赤
黄色，女子佩之如细鸟皮，号为媚蝶"。

204 沈仲常《四川德阳
出土的宋代银器简介》，
页8，图四，《文物》
一九六一年第十一期。

205 照片承浙江省博物
馆提供。

206《朝阳北塔——考
古发掘与维修工程报告》
（见注121），图版五三：1。

207 今藏杭州博物馆，
此为参观所见并摄影。
按此际对蝶不仅是闺秀
所爱，也为士人所喜。
北宋蔡襄《致通理当世
屯田尺牍》使用的砑花
笺，花笺纹样便是连珠
团窠对蝶（同注52之二）。

图1—56：2 银对蝶佩 浙江省博物馆藏

图1—56：3 玉对蝶佩 辽宁朝阳北塔天宫出土   图1—56：4 银钿白瓷粉盒 浙江大学北宋墓出土

208 关于对蝶纹的起源
与发展演变，谢明良《略
谈对蝶纹》有详细考证，
见（台北）《故宫文物月
刊·260》，二〇〇四年。

209《甘肃省博物馆文物
精品图集》（见注 140），
页 227。又陕西凤翔南郊
唐墓出土一枚铜对蝶纹
梳梳背图案与此件几乎
完全相同，见陕西省考
古研究院等《陕西凤翔
隋唐墓——一九八三～
一九九〇年田野考古发
掘报告》，图一八五：5，
文物出版社二〇〇八年。

210 宁夏文物考古研究
所等《吴忠西郊唐墓》，
彩版一一：2，文物出版
社二〇〇六年。按此为
木匣上物，但与当日屏
风所用是一致的，因可
作为粉蛾交关最为切近
的旁证。又按，本书照
片系辛卯年初夏在宁夏
文物考古研究所观摩实
物，承蒙惠允拍照。

图 1 — 56：5 铜鎏金对
蝶纹梳 甘肃武威出土

对蝶图案是风行于唐宋时代的一种装饰纹样，瓷器所
见尤多[208]。它在唐代即已用于金银器，如甘肃武威出土的
一枚铜鎏金对蝶纹梳[209]（图 1 — 56：5）。图案化的展翅蝴蝶，
其造型的意匠来源很可能与多曲屏风间的合页相关，李贺
《屏风曲》"蝶栖石竹银交关"，所咏即此。实物如宁夏吴忠
西郊唐墓出土的铜鎏金蝴蝶合页[210]（图 1 — 56：6），可知
诗之幽美的意象是得自现实生活中的装饰艺术。陕西扶风
法门寺地宫出土金花银香囊上面的合页装饰一对闹蛾，似

图 1 — 56：6a 铜鎏金
蝴蝶合页 宁夏吴忠西
郊唐墓出土

图 1 — 56：6b 另一副
的背面

乎已开启辽宋对蝶饰件的先声[211]（图1－56：7）。

　　而双蝶对飞的纹样，另一个借鉴大约是唐代流行的夹缬，——由它的工艺特征，实在很容易催生这样的图案构思。留存至今的丝绸实物中，有一个可作参证的例子，即法国吉美博物馆藏出自敦煌的一枚团窠对蝶纹妆花绫残片：白色的经线和纬线交织为地子，在显花的部分加入一组黄色的浮纬，以通经回纬的方法织出图案，便是一周四朵牡丹花构成的团窠，团窠中心两只抵首相对的展翅蝴蝶[212]（图1－56：8）。其时代，被定为晚唐至五代。

　　对蝶纹样在宋代不仅盛行不衰，而且使用更为广泛，当日又别有名称曰"孟家蝉"。宋熊克《中兴小记》卷五引朱胜非《闲居录》曰："绍圣间，宫掖造禁缬，有匠者姓孟，献新样两大蝴蝶相对，缭以结带，曰'孟家蝉'，

211　韩生《法门寺文物图饰》，页252，文物出版社二〇〇九年。本书照片为观展所摄。

212　赵丰等《敦煌丝绸艺术全集·法藏卷》，图一一六，东华大学出版社二〇一〇年。

图1－56：7金花银香囊上面的合页装置
陕西扶风法门寺地宫出土

图1－56：8团窠对蝶纹妆
花绫残片 吉美博物馆藏

民间竞服之。"所谓"新样两大蝴蝶相对，缭以结带"，其式样与用途已经说得很明白，而它适为夹缬类所采用的图案。唐王建《宫词》句云"缠得红罗手帕子，当中更画一双蝉"，可知南宋"新样"，原是传统纹样的翻新，在二者的遥相呼应中，正显示着纹样的延续性，并且蝉为对蝶图案的名称，似乎也是由唐而来。"宫样"传出，很快成为时尚，"民间竞服之"，自非虚语。银对蝶佩也便是风气之下的新产品之一。

作为饰件的孟家蝉颇见宋人题咏，如姜夔《观灯口号》之三"游人总戴孟家蝉，争托星毬万眼圆"[213]。又潘汾有词一阕，作《孟家蝉·蝶》，上半阕云"向卖花担上，落絮桥边，春思难禁。正暖日温风里，斗采遍香心。夜夜稳栖芳草，还处处、先弹春禽。满园林。梦觉南华，直到如今"[214]。"向卖花担上"，语作双关，卖花担之"花"，本来是包括各种饰物的，这里的一层意思便是点明孟家蝉的用途。"梦觉南华"，则是用着《庄子》梦蝶之典以明形象。如此，两宋之银对蝶佩时名孟家蝉，应该是不错的了。

57 金卧狮佩（图 1 - 57：1）

杭州老和山浙江大学邵逸夫科学馆工地出土[215]

金卧狮佩（图 1 - 57：2）

江西安义石鼻李硕人墓出土

佩件之类，一向以玉为主，宋以降金银佩件渐渐多起来，但与玉相比，数量仍然是少。从已经发现的情况来看，宋代女子的金银佩件以双鱼、对蝶、卧狮为多。上海宝山月浦谭氏夫妇墓出土银鎏金卧狮衔环佩，六安花石咀南宋

213《全宋诗》册五一，页 32054。

214 赵闻礼编《阳春白雪》卷一。

215 浙江省文物考古研究所《浙江考古精华》，页 228，文物出版社一九九九年。本书所用照片承郑嘉励提供。

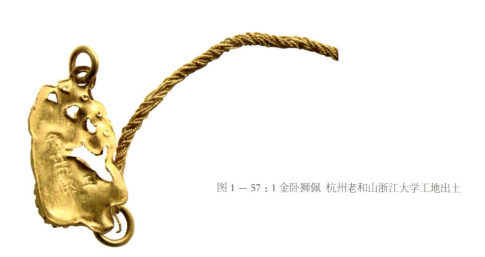

图 1 — 57：1 金卧狮佩 杭州老和山浙江大学工地出土

图 1 — 57：2 金卧狮佩　江西安义李硕人墓出土

216《说文》："虎，山兽之君。"《风俗通》："虎者，阳物，百兽之长也。"

217 "狮子奋迅"之意的表现方法便是卧狮作奋起状，——信瑞撰《泉涌寺不可弃法师传》曰，"秦里封王将象献于宋朝，敕使官人伴三人僧，号修多罗、毗尼僧、阿毗昙僧，而华竺异音，不得互语。时法师依悉昙，试以梵字，书师子奋迅三昧示之，彼虽有通解色，语互不通。事不获已，以水洒卧旁犬，时起奋迅，以述其情"（《大日本佛教全书》第一一五册，527～528页）。

墓出土银卧狮佩，两件卧狮的额头正中均有一个"王"字（图 1 — 57：3、4）。而中土向以虎为百兽之长 [216]，狮为百兽王是佛经中的说法，佛经并以佛陀为人中狮子，释典中又有"狮子吼"，"狮子奋迅"，"狮子游戏三昧"诸说。因此卧狮为佩最初很可能是从佛经中取意 [217]，不过从造型到寓意都逐渐把它中土化，比如狮子的形象由威猛变作驯良可爱，又或做成狮子戏毯的式样，而它与霞帔坠子上面的转官毯应是同样的寄意。浙江大学出土的这一件卧狮脚下有云朵相托，底衬有铭曰"囗五郎正"。李硕人墓出土的金

图 1 — 57：3 银鎏金卧狮衔环佩 上海宝山月浦谭氏夫妇墓出土

卧狮佩在用作卧狮底衬的金片上装饰绣毬纹，是很别致的
一例。

　　狮子佩件元代依然流行。"红罗佩吐狮头玉，碧珥香衔
凤口珠"[218]，正是为人欣羡的妆束。金银卧狮佩件也为元
代所继承，如湖南元代窖藏中的两件银狮佩，其一出自株
洲攸县桃水镇，其一出自攸县凉江乡，后者为银狮戏毬（图
1 — 57 : 5）。其造型与风俗，乃是两宋遗绪。

218 徐再思〔双调〕《卖
花生》,《全元散曲》,页
1059。

图 1 — 57 : 4 银 卧 狮
佩 安徽六安花石咀南
宋墓出土

图 1 — 57 : 5 银 卧 狮
佩 湖南株洲攸县凉江
乡元代金银器窖藏

58 银事件儿（图1－58）

湖南株洲攸县丫江桥元代金银器窖藏

元代流行的佩饰之一是银事件儿。几件小工具与若干小玩意儿各个以银链为系合为一副，上由一枚"事件压口"总束，便是所谓"事件儿"。此在唐代即已出现，如陕西扶风法门寺地宫出土的一副铜事件儿[219]。辽金以降此风不衰，一直流行到元明[220]。《原本老乞大》说到"零碎行货"中的"五事儿一副"，即此类。攸县丫江桥窖藏中的这一副应是七事儿，惟失其一。同出又有一副银五事儿，事件压口也是一枚下覆的荷叶，银链下缀着剪子、镊子，荷包，粉盒，荷叶盖罐。荷包上面装饰丛菊瑞兔。与粉盒相类，荷叶盖罐在这里也是表现梳妆用具，它或用作盛油，又或盛刷鬓之水[221]。如此组合的事件儿似乎多为女子所佩。

219《法门寺文物图饰》（见注211），页371。

220 详见扬之水《古诗文名物新证》，页210～215，紫禁城出版社二〇〇四年。

221《古诗文名物新证》，页230～231。

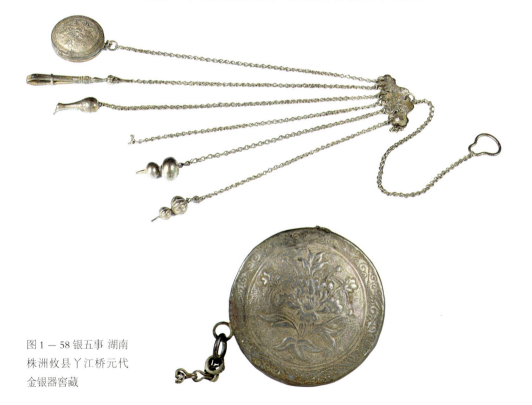

图1－58 银五事 湖南株洲攸县丫江桥元代金银器窖藏

59 银满池娇纹柄带鞘小刀（图 1 - 59：1）

湖南临澧新合元代金银器窖藏

　　男子佩服的事件儿以刀、锥或曰解锥为主。元曾瑞《羊
诉冤》"头上角要锯作解锥"[222]，即是此物。天理本《碎金》"服
饰篇"第十八"男服"项下列着"篦刀，宝索"。叶子奇《草
木子》卷三下《杂制篇》说到北人之王公贵族皆佩"小篦刀"。
腰间佩带荷包、解锥、小刀子的形象，见于内蒙古锡林郭
勒盟正蓝旗羊群庙元代祭祀遗址出土的三个石人像[223]（图
1 - 59：2、3）。石像所佩小刀大约就是篦刀子。由这里显
示出来的佩带方式，可知刀鞘之端是有环耳的。从外观来看，
新合带鞘小刀应与它同属一类，而湖南石门雁池乡元代银
器窖藏一副银事件儿中的解锥，式样与元代石人像佩带的
解锥便几乎完全相同（图 1 - 59：4）。它的早期式样，则
已见于前举法门寺地宫出土的铜事件儿（图 1 - 59：5）。

　　篦刀子最初以河间所造为精，刀柄则为玉制。庄绰《鸡
肋编》卷上："河间善造篦刀子，以水精美玉为靶，钑镂如

222《全元散曲》，页
520。

223 内蒙古文物考古研
究所等《正蓝旗羊群庙
元代祭祀遗址及墓葬》，
页 614 ～ 615，《内蒙古
考古文集》第一辑，中
国大百科全书出版社
一九九四年。按本书照
片系笔者二〇〇五年赴
元上都考察所摄。

1 - 59：1 银满池娇纹柄、鞘
小刀（右图为谭远辉摹）湖
南临澧新合元代金银器窖藏

图 1—59：2 石人像局部 内蒙古锡林郭
勒盟正蓝旗羊群庙元代祭祀遗址出土

图 1—59：3 石人像局部 内蒙古锡林郭
勒盟正蓝旗羊群庙元代祭祀遗址出土

图 1—59：4 银 解 锥
湖南石门雁池乡元代
银器窖藏

图 1—59：5 铜事件
儿中的解锥 扶风法
门寺地宫出土

丝发。"而辽代已有制作精好的玉柄银刀，如辽陈国公主墓出土的一件。刀并配有银鎏金的鞘，出土时佩挂在驸马银蹀躞带的左侧[224]。

柄与鞘自然是篦刀子的装饰重点，玉之外，也用金银打制，又或镶嵌宝石。《百宝总珍集》卷四"猫睛"条说到猫睛成色稍逊者可用于"打嵌篦刀"。《朴通事谚解·上》有一段对话内容为打制各式刀、锥，问云："快打刀子的匠人那里有？我打一副刀子。"答曰："有名的张黑子打的好刀子，着他打不得？你打时怎样打？"曰："……大刀子一把，小刀子一把，叉儿一个，锥儿一个，锯儿刀子一个，锯儿上钑一个好花样儿，买将绦儿来带他。"[225] 新合窖藏中的银柄带鞘小刀便是这一类。刀的形制与陈国公主墓出土的玉柄银刀十分相近，包括刀与柄的安装方式，即刀的末端打作细锥形嵌入柄的中心。刀鞘也是顶端有环，约三分之一处做一个环耳，刀入鞘时，刀柄入鞘约二分之一。柄与鞘遍饰满池娇纹。刀长 16.5 厘米，入鞘后通长 20 厘米，重 26.7 克。这时候宋代著名的河间工艺该是遍传南北，正如篦刀子与解锥的式样此际南北几无二致，而"钑镂如丝发"的玉作工艺也移用于金银。

224《辽陈国公主墓》，页 45，彩版一〇，文物出版社一九九三年。

225《朝鲜时代汉语教科书丛刊》（见注 1），页 221。按编者原标点为"锯儿上钑一个，好花样儿"。

第十节　妆具

60 银妆盘（图 1 − 60：1）

湖南株洲攸县凉江乡窖藏

与金银首饰同出的通常又有女子的梳妆用具，——它看来好像与首饰颇有距离，不过天理本《碎金·服饰篇》"梳洗"一项原把燕脂、韶粉、面油之类与犀梳、掉篦、鐶子、

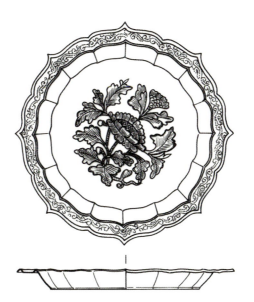

图1－60:1银妆盘(下图为谭远辉摹) 湖南株洲攸县凉江乡元代窖藏

花钿等列在一起。妆具之齐整者，为妆盒一件，内置粉盒、胭脂盒，油缸、水盂，妆盘，刷、抿、梳篦，铜镜，是理容所必需，以为女子每一天里不可缺少的生活内容备下一套完善的设施，此与北方宋墓壁画中经常出现的理妆图意思相同。

妆具中的金银器之属，一般是镜匣，粉盒，妆盘，油缸，水盂，而以银及银鎏金者为多，金器是很少的。福州茶园山端平二年墓出土的一组，可以为例（图1－60：2）。其中的一件银妆盘也是菱花口，最大口径8.2厘米，高一厘米[226]。妆盘的名称，见于百爵斋本和故宫本《碎金·家生篇》的"妆奁"一项之下。唐张碧《美人梳头》"玉容惊觉浓睡醒，圆蟾挂出妆台表。金盘解下丛鬟碎，三尺巫云绾朝翠"[227]，妆盘便是唐人诗中的"金盘"之属，梳妆时用作盛放小件用具，又或置胭脂。南京市区建筑工地出土一件唐代青釉小碟，口径8.5厘米，高1.8厘米，背面墨书"朱家烟（胭）焰（脂）输卖，主故使用方知，每个十文"，正把用途表述得清楚[228]（图1－60：3）。江西德安南宋周氏墓中的一件银菱花口碟，高两厘米，口径七厘米，出土时碟里放着一方浸了胭脂的丝罗[229]，其尺寸大小与唐青釉胭脂碟相差无

226 《福州文物集粹》（见注107），图九○。同出有银荷叶盖罐一，银折枝莲花纹粉盒一，银素面粉盒一，均置于漆奁之中。银折枝莲花纹粉盒高3.3厘米，口径6.2厘米，内置一枚粉扑；银素面粉盒高3.8厘米，口径六厘米。银荷叶盖罐5.5厘米，口径四厘米。

227《全唐诗》，册一四，页5339，中华书局一九六〇年。

228《南京文物精华·器物编》（见注40），页130。按"主故"乃主顾之古称，后世"故"讹为"顾"。

229 丝罗上面有黑色物质，可能是已经变质的胭脂。《德安南宋周氏墓》（见注40），页6，图二。

图1－60：2 银妆具一组 福州茶园山端平二年墓出土

几（图1-60:4）。凉江乡窖藏中的这一对小银碟，菱花口，浅弧腹，平底，折沿，盘心分别錾刻朝向互为呼应的折枝牡丹与折枝菊花，折沿均饰卷草纹。最大口径8.6厘米。与之同出的还有一件银粉盒。从尺寸来看，应该是妆盘一对。当然式样相类的银碟也有可能是果菜碟，不过一般说来果菜碟总要略大一些。——如临澧柏枝乡窖藏的一件银菱花口碟，口径为12厘米；江西星子县陆家山窖藏中的四件银

图1-60:3青釉小碟 南京市区建筑工地出土

图1-60:4银妆盘 江西德安南宋周氏墓出土

菱花口花鸟纹碟，口径 14.2 厘米[230]。

61 银如意纹盒（图 1－61：1）

湖南益阳八字哨元代银器窖藏

宋元银粉盒精致者多为如意纹盒，如江西德安南宋周氏墓出土的一对，其中一枚内置粉扑，另一枚配着铜花叶式鱼尾柄小匙，盒高四厘米，口径7.5厘米[231]（图 1：61：2）。益阳八字哨窖藏中的这一枚银盒式样与此大致相同，但尺寸稍大，高六厘米，口径十厘米，底部打作矮足，外底心

230 《中国金银玻璃珐琅器全集·金银器》（见注 20），第 二 卷，图二一六。

231 《德安南宋周氏墓》（见注 55），页 6，图四。本书照片为观展所摄。

图 1－61：1 银如意纹盒 湖南益阳八字哨元代银器窖藏

图 1－61：2a 银如意纹盒 江西德安南宋周氏墓出土

图 1－61：2b 银如意纹盒 江西德安南宋周氏墓出土

232 韦陀（Whitfield, Roderick）《西域美术·英国博物馆斯坦因收集品·Ⅱ》（西域美术：大英博物馆スタイン·コレクション·Ⅱ），图21-5，讲谈社一九八二年。

233 王世襄《髹饰录解说》"剔犀"条曰：最早的剔犀实例英人迦纳认为是一九〇六年斯坦因在米兰戍堡发现的唐代（八世纪）皮质甲片。据斯坦因的描述，甲片可能用骆驼皮制成，两面髹漆，有的多至七层，以朱黑两色为主，花纹有同心圆、椭圆和近似逗号以及倒S形等几何花纹，是用刮擦的方法透过了不同的漆层取得的（按斯坦因的这段文字今见巫新华等译《西域考古图记》第一卷，页277，广西师范大学出版社一九九九年；与这里引述者略有不同。皮甲片图见该书第四卷，图五〇）。"因此我们有理由认为，唐漆甲是剔犀尚未定型，而近似锥毗的一种做法"。《髹饰录解说——中国传统漆工艺研究》（修订版），页131～132，文物出版社一九八三年。

234 这一传统并且一直延续下来，新疆博物馆展出维吾尔族近代生活用品中的雕花木碗，图案即与上古几乎无别。

有"清河"款。

如意纹，抑或称作云纹，是宋元漆器剔犀工艺中的基本纹样，在各种器皿中出现最多。一般认为漆器纹样是借鉴了同时代的银器，剔犀中的如意纹也是如此。不过在敦煌唐五代绘画中已经出现了以如意纹满饰器壁的瓶、钵、盘等，如今藏大英博物馆的五代绢画《法华经·普门品》变相图中佛前香案上面作为供养具的花盘[232]（图1－61：3）。虽然仅就图像来看不好断定它的质地，但如果结合当地的生活用器而说它是木器，应不致大误。剔犀最早的实例乃见于西域[233]，雕花木器的制作传统也正可以追溯到这一地区，上古以来最常使用的图案便是各种旋纹，——或旋卷如水涡，或变换排列组合的方式以构成不同的图案，如新疆且末扎衮鲁克墓地出土的纺轮、饰牌、盒子等雕花木器（图1－61：4），其时代距今约两千八百年。而新疆各地不同时期的出土物中都有数量不少的雕花木器，由此很可以见出形制与纹饰的继承与延续[234]。图像中的例子也有不少，比如克孜尔第五八窟后甬道正壁八王分舍利图中

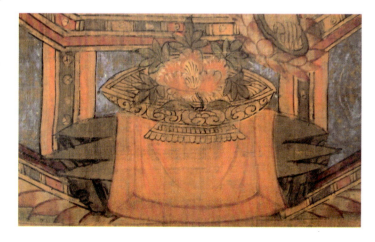

图1－61:3《法华经·普门品》变相图局部（五代）大英博物馆藏

图 1 − 61：4 雕花木器 新疆且末扎衮鲁克墓地出土

235 此为己丑五月在克孜尔石窟考察时所亲见，只是此图在我见到的各种图录中均未收。

236 麻赫默德·喀什噶里《突厥语大词典》（何锐等译），第三卷，页288，民族出版社二〇〇二年。按《突厥语大词典》成书于十一世纪七十年代，为喀喇汗王朝的鼎盛时期。

的一件舍利盒，盒腹所饰便是规整的如意纹[235]。此壁画时代约当七世纪。前举敦煌出土绢画中的花盘纹样自然也有着来自西域的影响。麻赫默德·喀什噶里《突厥语大词典》第二卷"上漆"词条下举例句曰："木碗上漆了，即为了在木碗上雕花而涂漆了。"又第三卷"漆"条下举例句曰"漆大木碗了，即为了雕刻大木碗而给它上漆了"[236]。意为涂漆之后再雕刻，这种漆木碗的制作方法正透露着它的类如剔犀的消息，虽然它的涂漆很可能未如剔犀工艺成熟时代那样多至数十道乃至数百道。而雕花木器与剔犀，就剔刻来说颇有相通之处，当然前者工艺相对简单，后者工艺要繁复得多。根据这样一个大致的线索，推测剔犀工艺、包括它的代表性纹样原是同西域的雕花木器密切相关，当是可以成立的。也因此这里得出一个新的结论，即银器装饰中的如意纹是仿自剔犀工艺，而不是相反。

62 银荷叶盖罐（图 1 - 62）

湖南株洲丫江桥元代金银器窖藏

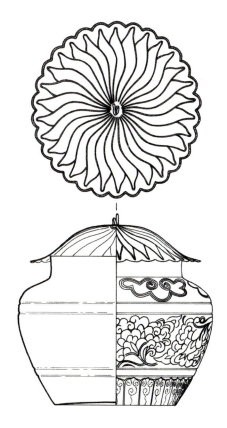

图 1 - 62 银荷叶盖罐（谭远辉摹）
湖南株洲丫江桥元代金银器窖藏

237《浙江湖州三天门宋墓》（见注 128），页 43。

238《安徽六安县花石咀古墓清理简报》（见注 8），页 919，图版八：6。

239 "省头木犀油" 只见于故宫本。

240《福州文物集粹》（见注 107），页 66。

前举丫江桥窖藏一副银五事儿中有一件荷叶盖罐，作为实用之器的一件，也见于同一窖藏。银罐高八厘米，口径 5.7 厘米，肩部一圈六垂云，底缘一周仰莲瓣，腹部是鱼子地上的折枝莲花。荷叶盖以联珠纹錾出脉理，盖心从内向外穿出一根银条弯作荷叶柄以为盖纽。与它相似的宋元银器尚有多例。如浙江湖州三天门南宋墓[237]、安徽六安花石咀宋墓[238]，又苏州张士诚母曹氏墓。花石咀宋墓和曹氏墓银盖罐的盖子下边都连着一柄小勺。

《碎金》"妆奁"下列举的物品中有 "油甌" 一项。甌通缸，则即油缸。这一类银荷叶盖罐便是油缸之属。梳妆用油，可别作两种，其一面油，其一头油。《碎金·家生篇》"梳洗" 条下列着 "面油，省头木犀油"[239]，即此。面油是膏油，无须用勺舀取，那么油缸所盛应是头油。当然有时候此类盖罐也用作盛放饰鬓水，而前举福州茶园山端平二年墓出土的银荷叶盖罐里有白色粉块[240]。可知罐内所置之物并不固定，不过作为妆具，其用途是相类的。

综上所述，宋代女子头面的基本样式，比较有代表性的可以举出两组，一、南京幕府山宋墓：金累丝镶宝梳背一，金簪一，金耳挖簪一，金麒麟凤凰纹搔头式簪一，金镂空花筒簪一，金花筒钗一对，金连三式花头簪一对，金帔坠一枚〔插图一〕。二、湖南临湘陆城南宋一号墓：金耳挖簪一，金连七式花筒钗一，金绣羽鸣春图簪一；金竹节钗一对，金花筒钗一对；金步摇一，金帘梳一，银缠钏四，银链一（失佩件）〔插图二〕。

元代女子头面的基本样式，湖南沅陵元黄氏墓和武汉周家田元墓出土的两组可以为例。一、湖南沅陵元黄氏墓：

插图一　南京幕府山宋墓出土

　　金麒麟凤凰纹搔头式簪
　　金镂空花筒簪
　　金连三式花头簪
　　金累丝镶宝梳背
　　金帔坠

插图二　临湘陆城南宋墓出土

　　金花筒钗
　　金绣羽鸣春簪
　　金步摇
　　金连七式花筒钗
　　金竹节钗
　　金耳挖簪
　　金帘梳

金耳挖簪一，金环耳瓜棱瓶顶锥脚簪一，金摩竭托玉凤簪
一，金折股钗一，金连三式竹节钗一对，银摩竭衔花钗一对，
金双鸾纹包背玳瑁梳、金竹节纹包背木梳各一枚，金穿玉
慈姑叶耳环一对，金缠钏一对〔插图三〕。二、武汉周家田
元墓：金瓜头簪一支，金穿玉满池娇荷叶簪一支，金螭虎
钗一对，金二龙戏珠纹梳背一枚，金累丝镶宝莲塘小景纹
耳环一对，又银缠钏一件〔插图四〕。

插图三　沅陵元黄氏夫妇墓出土

金摩竭托玉凤簪
金竹节纹包背木梳
金环耳瓜棱瓶顶锥脚簪
金双鸾纹包背玳瑁梳
银摩竭衔花钗
金连三式竹节钗
金折股钗
金耳挖簪
金穿玉慈姑叶耳环
金缠钏

插图四　周家田元墓出土

金穿玉满池娇荷叶簪
金瓜头簪
金螭虎钗
金二龙戏珠纹梳背
金累丝荷塘小景纹耳环

　　在前面的举例中，对这四组首饰多已分别涉及。此中反映出来的类型和样式，可以说体现了宋元女子头面的典型风格，换言之，这也就是当日为人所称道的"时样"。

　　这里可以见出一个总的趋势，即唐宋之际是女子头面发生一次大变化的时期。就样式而言，宋代金银首饰一面先有辽、后有金的影响，一面更有着自己的创造，以是逐渐完成了唐式向宋式的转变。元代于两宋颇有继承，如竹节钗、如意簪，连二连三式花头簪钗、桥梁式簪钗等。当然也很有新创，如螭虎钗，荔枝簪、瓜头簪、满池娇荷叶簪，牌环，等等。在制作工艺上，最突出的一点，是由唐代的以"镂

镍"为主，演变为以"锤镍"为主，即以"打"的工夫之
精细而把平面图案做成很有浮雕效果的立体图案，再辅以
"镂花"亦即錾刻，使浮雕式的图案既有灵动的生意，又有
着仿佛工笔写生的微至。若作一个大致的比较，那么可以说，
唐代金银簪钗的纹样风格是精细纤巧的，宋元则丰满富丽，
而后者其实体量更小，用材其实更为轻薄。但就首饰的名
称来说，仍与唐代相似，即通名多，专名少，专名的大量
涌现以及名称的多样，要到元明时代，虽然那时候艳称的
式样宋代已经出现了不少，比如花筒、竹节、桥梁、如意（故
宫本《碎金》），压鬓双头钗、云头连三钗（《明史》卷六七
《舆服三》），等等。

　　至于簪钗的插戴，宋元尚未如明代那样有一种大致固
定的组合，即某种类型的簪钗一般插在某一位置，如分心、
掩鬓之类，如此组成头面一副。本章开篇说到，宋元时代
所谓"头面一副"，意在首饰的基本样式在此齐备，却并不
是同时簪戴的一组，因与明人说到的"头面一副"，意义并
不完全相同。这是以实物为依据，通过对文献、图像的解
读而得出的一个初步认识。

　　宋代女子流行戴冠，与明代相比，这时候的冠该说是
高冠，尺寸愈于后世。冠侧有固冠之簪，此外的簪钗一两
支或两三支便是冠旁的点缀，其形象即如前举郑州登封黑
山沟宋代壁画墓、白沙宋墓二号墓，又郑州登封城南庄宋
代壁画墓墓室壁画及《招凉仕女图》中的女子（图 1 — 8：5、
6）、（图 1 — 19：3）、（图 1 — 27：11）。如果不戴冠，那
么多半是头挽高髻，如南宋墓葬中的一位女主人黄昇〔插
图五〕，——三支鎏金银钗，短者一支，为并头花筒钗，长
者一对，为錾花钗，分别插在发髻正中和两边[241]，此外又

241《福州南宋黄昇墓》
（见注 143），图版一〇
五。报告说：银钗三件，
插在正中和两边（页
80），只是刊出来的照
片，钗和发髻已经分离。
推测是短的一支（9.9厘
米）插在正中，长的两
支（16.8厘米）对称插
在两边。

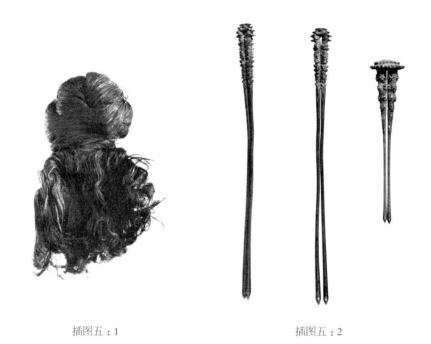

插图五：1　　　　　　　　　　　　　　　插图五：2

有前后左右两大两小四枚角梳和木梳环发髻而插戴。试想伊人妆束停当的模样便当如宋人笔下的仕女图，比如江苏武进村前乡南宋五号墓出土戗金朱漆奁盖上面的图案，而两位俏佳人上身微微前倾，也正是缠足女子特有的步态姿容〔插图六〕。北宋张先《醉垂鞭》："双蝶绣罗裙。东池宴。初相见。朱粉不深匀，闲花淡淡春。 细看诸处好，人人道，柳腰身。昨日乱山昏，来时衣上云。"[242] 此虽是咏妓之作，却很可以代表当日一种普遍的审美倾向，南宋便更是如此。"朱粉不深匀，闲花淡淡春"，甚至不妨用来为两宋女子的风姿标格品题。当然这里只是概而言之。

　　两宋最高等级的盛妆自属之于皇室，台北故宫博物院所存南薰殿旧藏宋仁宗后坐像是一幅笔致细腻的写实之作〔插图七：1〕，只是如皇后所戴下缀博鬓的龙凤花钗冠，实

242《全宋词》，册一，页57。

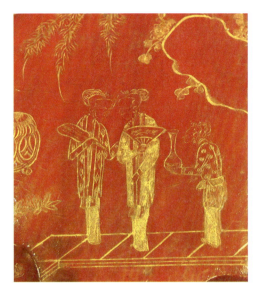

插图六

插图七：1 宋仁宗后像 台北故宫博物院藏

物至今未曾发现。两旁的宫廷女官簪花满头，当面一支缀珠的团凤，两侧簇拥珠翠花，一对下系珍珠璎珞的珠翠耳环，袍履腰带，一身宫妆为存世画迹所仅见〔插图七：2〕。宋徽宗《宣和宫词》"女儿妆束效男儿，峭窄罗衫称玉肌。尽是真珠匀络缝，唐巾簇带万花枝"[243]，虽是为北宋末年宫中女侍写照，却与画像中人一般无二。然而与画像相应的实物亦未曾见。皇室之外，命妇礼服组成部分中的首饰，按照《宋史·舆服志》中的规定则为下施两博鬓的花钗冠，随品级高低而花钗数目依次减等。不过今天发现的两宋金银首饰虽多为仕宦之家物，但这一类花钗冠尚未见到。以

243《全宋诗》，册二六，页 17058。

插图七：2

上举出的各种簪钗，其制作的精与粗、插戴之际的多与少，大约视财力与好尚而定，关乎礼制的成分似乎是不多的。

　　元代女子妆束有南北之别。元无名氏散曲〔中吕〕《喜春来·四节》"冠儿褙子多风韵，包髻团衫也不村，画堂歌管两般春"。又无名氏〔双调〕《一锭银过大德乐·双姬》"珍珠包髻翡翠花，一似现世的菩萨，绣袄儿齐腰撒跨，小名儿唤做茶茶"；"翠袖殷勤捧玉觞，浅斟低唱。便是个恼乱杀苏州小样，小名儿唤做当当"[244]。"冠儿褙子"，南也，亦咏南姬之所谓"苏州小样"[245]；"包髻团衫"，自是北地女子。前者形象似仍近南宋，后者可以西安东郊韩森寨元墓壁画中的女子为例[246]〔插图八〕，可见各式簪钗是环包髻而戴。

244《全元散曲》，页1706；页1776。

245 此所谓"苏州"，应是使用唐宋古称，即辖境相当于今江苏吴县、常熟市以东，浙江桐乡、海盐东北及上海市的一部分，而非元末置于今四川冕宁县北的"苏州"。

246 西安市文物保护所《西安韩森寨元代壁画墓》，彩版一九，文物出版社二〇〇四年。

插图八：1

插图八：2

第二章 纹样设计与制作工艺

第一节 纹样设计

宋元时代民间金银制作业早已十分发达，且产品流布四方，贸易渠道很是通畅。上世纪八十年代新疆吐鲁番柏孜克里克千佛洞遗址曾发现一件时属元代的杭州泰和楼大街某行铺招贴。它原是金箔的一张包装纸，上钤一方墨色印记，印记文字五行，行八字："□□□家打造南□／佛金〔诸〕般金箔见住／杭州泰和楼大街南／坐西面东开铺□□／辨认不误主顾使用。"[1]（图2—1）用作妆銮佛像的金箔竟至从南方的西湖远输北方的大漠，此类商品流通的情况由此可见一斑。金银器每以"时样"而为供求双方所追逐，式样的传播和流布更因此常常跨地域也跨时代。《新编事文类要启劄青钱》卷九《委置文物小简》"委置银器"条列其程式曰："闻城市厶匠团造银器甚精，今纳去银子若干两，烦令制盂盘十副，得时样为佳。"其答式曰："委造盂盘银子若干两，已呼厶匠交去，令依时样制造，厶日可毕，望遣价取纳。"价，此指仆人。这里说的是金银酒具，首饰

1 柳洪亮《新出吐鲁番文书及其研究》，页219，新疆人民出版社一九九七年。

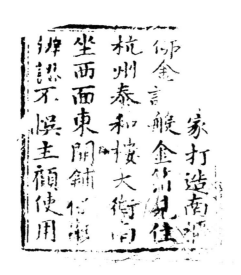

图 2—1 杭州某行铺招贴 新疆吐鲁番柏孜克里克千佛洞遗址发现

当然也是如此。

　　宋元时代金银首饰的地域性因此并不明显。如南方大量出土的连二连三式花头簪钗、桥梁式簪钗及步摇等，均见于北方墓葬壁画中的女子妆束。又瓜头簪以及与它同一类型的荔枝簪，也常见于北方地区。石家庄后太保村史氏家族墓、敖汉旗南塔乡三家村均出土金荔枝银脚簪[2]；敖汉旗四家子镇南大城出土金瓜头银脚簪[3]；又前举河北涿州元代壁画墓出土铜满池娇荷叶簪。此外还有已经援引的各式簪钗的不少实例。

　　如第一章《小引》引述《新编事文类要启劄青钱·续集》卷九所云，时人对银匠的要求是"团造镂巧精细"，而天理本《碎金·艺业篇》列出的也有"精巧"，"巧判"等[4]，二者的语汇正是一致，则此不妨说是彼一时代的行业标准了。除此之外的另一个重要标准便是样式，宋元时代常用的词有样制、样范、时样，当然这些用语并不专指金银器。《百

2 河北省文物研究所《石家庄后太保村史氏家族墓发掘报告》，彩版五：1，《河北省考古文集》，东方出版社一九九八年；于建设《赤峰金银器》，图一三八，远方出版社二〇〇六年。

3 《赤峰金银器》，页190。

4 "巧判"一词曾出现在敦煌文献《俗务要名林》中，是列在《女工部》（斯·六一七号）。

宝总珍集》卷一"古玉"条："如青玉坚古者，但看样制、并花样制、并花样碾造仁相者好。""碾造仁相"是宋元时候经常用到的对玉器制作的评价。其时金银器的制作不外也是样制、花样制及花样之打造三项，而样制与花样制也可统称为"时样"，由前面引述的《新编事文类要启劄青钱》书信往来式已可见出当日供求双方对时样的追求。《新编居家必用事类全集·戊集》"银"条也说到"今时宅眷，多喜时样生活，勤去更改"。金银首饰以其材料的特殊性，自然更方便于旧式改新。

目前发现和已经发表的宋元金银首饰，多是出自民间工匠之手，其纹样主题差不多都是含了喜庆吉祥之意，这自然与它的用途密切相关，如前所述，一个很大的用项是嫁女，也许还应该加上在此之前的作为成年礼的笄礼。《新编事文类要启劄青钱·后集》卷二《喜庆馈送简札》"送贺女笄"条，其答式曰："弱女及笄，随宜总发，乃蒙亲谊，特有首饰宠贶，岂敢自外，谨用祇领。"即其事。如果说首饰的集诗情画意于一身，乃在于此中包孕着唯美的追求，那么一个更为实际的动因，便在于它要以明朗而丰富的艺术语汇传达出生命之春里的祈愿和祝福。

作为金银首饰的纹样构成，除传统的龙凤和螭虎之外，所取用的多是清新俊丽并且很生活化的物象，如瓜瓞、石榴、荔枝、桃实，牡丹、莲花、桃花、菊花，蜜蜂、蝴蝶、孔雀、鸳鸯，等等，而以此来表现一种丰盈谐美的情致。其实这些素材的运用并不始于宋元，而在唐代和辽代的艺术品中即已常见，比如唐镜中的蝴蝶、蜜蜂，比如辽镜中的花卉和瓜瓞。宋元时代则以新的造型把它重新组织为各种图式，且以灵活自然的运用而成为流畅的艺术语汇，因使它不过小作变化即成一种新样。当然工艺的不同，也使得取材相同而风格样式完全不同。比如以花鸟为装饰的簪钗，唐代多用镂镂，即在一枚银片上镂空做出平面式图案，宋元时代却是以打造为主，辅以镂镂，而做出有浮雕效果的立体式图案。

金银首饰的纹样有不少是来源于佛教艺术，但设计者多是从简单而具象化处入手，并且很自然的与本土知识结合起来，将二者融会为一，以是创为各种新的意象。比如满池娇，比如摩竭戏珠、狮子戏毬，等等。

宋元金银首饰的样式与同时代的其他工艺品也是互为借鉴，绘画，雕塑，漆器，玉器，陶瓷，还有铜镜，等等，都可以看到纹样的一致。最常见的一种是折枝花卉，亦即宋人所说的写生花，李诫《营造法式》卷一二《彫作制度》"彫插写生华"条："彫插写生华之制，有五品：一曰牡丹华，二曰芍药华，三曰黄葵华，四曰芙蓉华，五曰莲荷华。以上并施之于栱眼壁之内。凡彫插写生华，先约栱眼壁之高广，量宜分布画样，随其舒卷，彫成华叶，于宝山之上，以华盆安插之。""写生华"，写生花也。黄葵华，即秋葵。这里举出建筑常用的装饰图案，在约略同时的墓室砖雕中可以见到不少实际应用的例子，比如表现最为集中的山西平阳金墓建筑砖雕。写生花移用于金银首饰，或称作"象生"，也作"像生"。金银首饰纹样中出现最多的几种"像生"，与建筑装饰中的写生花大抵相同，甚至在图式安排和制作方法上都有相通之处。方寸之间，依造型而分花布叶，随其舒卷，簪钗耳环的纹样安排，处处可见这样的匠心。又《营造法式》卷三三《彩画制度图样上》中的飞仙，工艺品中也有相

5 卢兆荫《中国玉器全集·4》,图一三三、图一三四,河北美术出版社一九九三年;辽宁省文物考古研究所《朝阳北塔——考古发掘与维修工程报告》,图版五二:1,文物出版社二〇〇七年。

6 李白军《曲回寺金银器考释》,页5,图一,《文物世界》二〇〇四年第四期。

同的题材以及相似的造型,如唐宋铜镜,如内蒙古翁牛特旗解放营子辽墓出土的青白玉飞仙,如辽宁喀左白塔子辽墓和朝阳北塔天宫发现的白玉飞仙[5](图2-2:1)。首饰则有山西灵丘曲回寺遗址元代窖藏中的金飞仙簪首[6](图2-2:2)。可见这一种图式中所反映出来的不同朝代工艺品制作的影响与借鉴。

图2-2:1 玉飞仙 辽宁朝阳北塔天宫出土

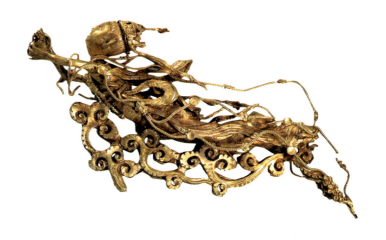

图2-2:2 金飞仙簪首 山西灵丘曲回寺遗址出土

金银首饰的取材，于绘画、织绣、漆器、玉雕的借鉴似乎最多，当然也颇有相互借鉴的成分。元周德清《赠小玉带》"却是红如鹤顶，赤若鸡冠，白似羊脂。是望月犀牛独自，是穿花鸾凤雄雌，是兔儿灵芝，是螭虎是翎毛是鹭鸶，是海青孥天鹅不是"[7]。曲儿里历数玉带的各种纹样，也多为金银首饰所用，如穿花鸾凤、兔儿灵芝，如螭虎、翎毛、鹭鸶。又金银首饰中常见的鸳鸯、水禽、粉蝶、游蜂，由诗人对这一类纹饰的题咏，也可见出它是宋元织绣中的"时样"。如前引南宋曹勋《遗所思》，又元张昱《织锦词》"蝶使蜂媒无定栖，万蕊千花动衣袖"[8]；元无名氏"一对粉蝶儿花丛上偏相趁。一对鸳鸯儿水面上相交颈"[9]，又元曾瑞咏塵腰亦即抹胸"缝成倒凤颠鸾翼。穿花灂鹠偏斜落。出水鸳鸯颠倒飞。浑绣得繁华异"[10]，是流行纹样中原寄寓着丝丝缕缕的儿女情长。在传世与出土的宋元遗存中，多有与此相合的实物可见，而正与题材和风格均相一致的各式金银首饰共同构成时代风流繁华中最贴近人心的一幅幅画面。

说到图式安排和制作方法上的相通，不能不关注与设计相关的所谓"画样"，即前引《营造法式》所云"凡彫插写生华，先约栱眼壁之高广，量宜分布画样，随其舒卷，彫成华叶"。建筑如此，其他工艺也是如此。比如礼器的制作，《玉海》卷六九"绍兴礼器"条曰，南宋绍兴十五年，"王晋锡言：大礼飨庙礼器已对御府《博古图》画样制其尊罍等五百九十六件，合讨论制造"。又如车舆的制作，《大金集礼》卷二九"皇后车服"条曰："大定十九年检定皇后车服制，二十二年奉都省处分，彩画样本付有司。"当然这都是皇家工程的例子，但制器须本画样，民间的制作也不

7 隋树森《全元散曲》，页 1346，中华书局一九六四年。

8 顾嗣立《元诗选·初集》，页 2061，中华书局一九八七年。

9〔正宫〕《塞鸿秋》，《全元散曲》，页 1662。

10〔般涉调〕《哨遍·塵腰》，《全元散曲》，页 514。

会例外。

借用绘画六法中的"随类赋彩"，首饰的纹样设计该是"随类赋形"。然而宋元银匠没有留下关于设计的文献，我们只能从成品去逆推设计过程和工匠应该具备的素养与技能。可以设想，第一他会对法式烂熟于心，第二他有对时尚的敏感，第三当有画艺的娴熟，此外他还须掌握成本核算，以便合理用材。宋刘道醇《宋朝名画评》卷三"陶裔"条记其故事云："陶裔，京兆鄠人。幼颖悟，多巧思，隶后苑造作所为匠者，组织为副珈步摇花笁璎珞之饰，其功甚微妙，及结花钿为羽仙仪状，太宗甚赏之，且曰：'以此意移于丹青，安知无后世名。'裔感上有言，潜志营学，遂祗候于图画院。精于写生，日有增。至召入画御座屏扆，极有精神，两岁方毕。又画大殿十二幅屏，多作祝寿之意。迁待诏。裔之笔法与黄筌相近，故时人语曰：'西蜀黄筌，东京陶裔。'"这一段纪事中的几个细节与我们讨论的问题都很有关系。所谓"副珈步摇"，此指簪钗。副珈是"副笄六珈"之省，语出《诗·鄘风·君子偕老》，原指作为礼服之一部的各种首饰。"结花钿为羽仙仪状"，由前举曲回寺金飞仙簪首可以想象其式。而他的"精于写生"固然是"潜志营学"的结果，但设计并制作首饰的经历也未尝不是一个重要的因素。工艺与绘画的相通，这实在是一个很有意思的例证。以此推想宋元金银首饰的设计，则它也当同于建筑装饰，同于礼器、车舆的制作，即先有设计草图亦即画样，画样的作者当有类似于陶裔的素养与技能，由是而接通首饰纹样设计与绘画、雕塑及其他各项工艺的关系，于是方可以"随类赋形"，不断推出为人所喜的"时样"，亦即"样制"与"花样制"，便是我们常说的样式与纹饰。

第二节　制作工艺

与样式密切相关的自然是工艺。宋元金银首饰的制作，实以打造或曰锤鍱为主，而它也是一项基本的制作工艺。

所谓"锤鍱"，古时并不是打造的意思。鍱，《说文·金部》云"鏶也"；朱骏声《说文通训定声》："凡金、银、铜、铁、锡椎薄成叶者，谓之鍱。"玄应《一切经音义》卷三："鍱，薄金也。"徐锴《说文解字系传》云：鍱，"今言铁叶也"。"今"，即南唐。明张自烈《正字通》："铜铁椎炼成片者曰鍱。"可知鍱最初的意思是金属片，由此引申为制成各种花样的装饰片，其质地为金属，或铁，或金或银，或涂金亦即鎏金。江淹《丽色赋》状写佳人之饰云"鍱金花于珠履"，所谓"鍱金花"，便是贴饰在珠履上面的轻薄细巧的金花片。金银花片若再装饰图案，则又称作"镂鍱"和"锤鍱"[11]。"锤鍱"之鍱，系鍱之别写，慧琳《一切经音义》卷九〇释"锤鍱"曰："即隐起金鍱佛像也，或熟铜隐镂成像，以金镀饰，或真金鍱、银鍱隐起而成，装作檀龛，是此功德也。""镂"和"锤"似即包含着纹样的制作方法，后者乃近于锤鍱，而"鍱"在这里仍是薄片的意思。唐代流行的金银平脱器，用作贴饰的做成各式花鸟纹样的金银片，其实也是"镂鍱"之属。唐惠陵亦即李宪夫妇合葬墓出土的漆器上面脱落的各种银饰片[12]，又前蜀王建墓出土置放哀册和谥册的册匣，上面用小银钉钉着银皮，又有作成双凤、双鹤、双孔雀图案的各式银片用平脱法装饰于册匣盖面[13]，这一类银片，即可作镂鍱之实证。而雷峰塔地宫所出粘贴于佛像背后的一枚银满池娇纹圆饰片，便是"锤鍱"之属，因为它略显浮雕效

11 镂鍱，杜佑《通典》卷六四追述南北朝时代的车舆制度，云天子之玉辂"两箱上望板前优游通缘金涂镂鍱（音叶），碧纹箱凿镂金薄帖"，又"升盖，金涂镂鍱"，应该都是这一类。

12 陕西省考古研究所《唐李宪墓发掘报告》，页112，彩版九：1～5，科学出版社二〇〇五年。

13 冯汉骥《前蜀王建墓发掘报告》，页48～50，文物出版社一九六四年。

14 银片直径6厘米，厚0.05厘米，浙江省文物研究所《雷峰塔遗址》，页126，图二二六，文物出版社二〇〇五年。又据《雷峰遗珍》，知它原是粘贴于释迦牟尼像的背后，见该书页128，文物出版社二〇〇二年。

15 江苏句容市崇明寺大圣塔出土银舍利棺（元祐八年）盖里铭文曰"打造匠人袁安奕"，东京国立博物馆《中国国宝展》，图一五八，朝日新闻社二〇〇四年。福州茶园山南宋许峻墓出土囷窠式双鸟纹金花银温碗有铭曰"低银刘打"，《文物》一九九五年第十期；宁波天封塔出土银殿，殿内西壁有铭曰"命工打造浑银地宫"，林士民《浙江宁波天封塔地宫发掘报告》，页6，《文物》一九九一年第六期；山东长清县宋代真相院释迦舍利塔地宫出土银樟有铭曰"施银壹拾两打椰"，济南市文化局文物处等《山东长清县宋代真相院释迦舍利塔地宫》，页220，图三，《考古》一九九一年第三期。

16 《陈铎散曲》，页83，上海古籍出版社一九八六年。

果的纹样是用了"锤"的制作工艺 14（图2—3）。

把金银打制成形或成型，宋元时代原称作"打"或"打造"15。欧阳修《归田录》卷二云，"打"字其义本谓"考击"，"而工造金银器亦谓之'打'可矣，盖有槌（一作挝）击之义也"。明陈铎散曲〔双调〕《雁儿落带过得胜令》咏银匠句云"铁锤儿不住敲，胶板儿终常抱。会分钑手艺精，惯厢嵌工夫到"16，是对宋元以来金银器制作工艺"打"或"打造"一项最为形象的概括。"铁锤儿不住敲"，指打造胎型；"胶板儿终常抱"，包括了打造纹样。后者的做法有两种，其一使用模具，其一反之。不使用模具，便是在板材的正面錾出纹样，然后翻过来放在胶板上，依照正面透过来的纹样轮廓，用铁锤从反面一点一点敲出形状，从正面看，成品便呈现

图2—3 银满池娇纹饰片 杭州雷峰塔地宫出土

浮雕一般的效果。使用模具的做法，细分也有好几种，一般来说，是先依样制作铜模，然后用铜模翻出锡模，再用锡模制出产品的粗型，最后把粗型精细加工为成品。这是不少地方民间金银器制作至今仍然采用的工艺，比如贵州[17]（图2－4）、福建[18]（图2－5）、北京[19]，等等。由蒙古哈拉和林出土十四世纪的金手镯和制作手镯的铜坯[20]（图2－6：1、2），我们可以见出古今之间继承与延续的轨迹，那

17 周志《贵州银器工艺师陈珍安、刘永贵访谈》，页20，《装饰》二〇〇七年第八期。

18 戊子年仲冬，以柯凤梅馆长之介走访莆田平海柯银匠家所见。

19 走访北京通县金艺坊所见。

20《成吉思汗和他的遗产——蒙古人的世界帝国》（*Dschingis Khan und seine Erben: Das Weltreich der Mongolen*），页181，图一七二、一七三，波恩，二〇〇五年。

图2－4 贵州民间银器制作使用的锡模具

图2－5 莆田民间银器制作打花样用的模具

21　董凤钰《传统錾刻工艺》："錾刻时，必需将加工对象固定于胶板上，方可进行操作。胶板一般是用松香、大白粉和植物油，按一定比例配制后敷在木板上，使用时将胶烤软，铜银等工件过火后即可贴附其上，冷却后方可进行錾刻，取下时只需加热便能脱开。"《中国文物报》二〇〇三年十月二十四日。又有一种西文中译之表述曰"敲花"，也是同样的工艺。查尔斯·辛格等《技术史》第一卷23章第6节《敲花、压花与雕刻术》谈古代西方的精细金属加工时说到，"敲花是指用手工冲压金属板的背面的方式来制作类似浮雕的效果的工作"；"装饰金属的一种最古老的方法是隆起一个类似浮雕的图案，将它的装饰面依靠在一个能够变形的木、铅或者树脂板上（这大多取决于浮雕的特征），然后在其背面进行打击。如果整个图案不含浮雕，最简单的就是稍加压力或稍稍加热将金属固定在沥青上，然后从正面用绘图工具加工出图案；绘图工具是一个刀刃比较钝的凿子。沥青的固定力保持其平面平整，并避免用工具加工时来自锤头的局部集中力而引起的振动"（页430，上海科技教育出版社二〇〇四年）。

么这里不妨古今互证。所谓"铁锤儿不住敲，胶板儿终常抱"，便是现代细金工艺所说的"錾刻"[21]，也就是近年金银器研究中惯常说到的"锤鍱"。而"会分钑手艺精"，则即现代细金工艺的"花活錾"，也便是金银器研究中的所谓"錾刻"，亦即宋元之"镂花"、"钑镂"，——苏州虎丘云岩寺塔所出宋鎏金镂花包边楠木经箱底部墨书云"手

图2－6：1金手镯　蒙古哈拉和林出土

图2－6：2手镯的铜坯　蒙古哈拉和林出土

工镂花"[22]（图1－7：1、2），宋戴侗《六书故》释"镂"曰"刻之穿透为镂"；释"钑"曰"细镞金钡为文也"，即此。所谓"钡"，指白金，即银。

　　金银首饰的制作工艺，存世宋元文献中见不到系统记载，不过分别成书于南宋和明初的三本《碎金》中却有不少与此相关的词汇[23]，而三本《碎金》相较，只是条目顺序稍有变化，内容几乎完全相同，正显示着南宋至明初这一时段金银制作工艺的延续性。那么这里的讨论即以明洪武本即故宫本《碎金》为主要依据。

　　《碎金》第二十九《艺业篇》"工匠"一项有"像生"，"镞镂"。第三十《工具篇》"材料"一项则有"黏缀"，"雕錾"，"钑镂"。又第三十八《珍宝篇》"矿璞"一项有"蓬砂"，

22 苏州博物馆《苏州博物馆藏虎丘云岩寺塔、瑞光寺塔文物》，页33，文物出版社二〇〇六年。

23 关于《碎金》，见本书第一章注1。

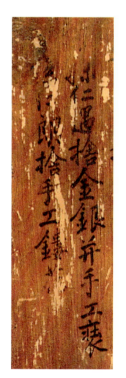

图2－7：1楠木经箱的银鎏金镂花包边 苏州虎丘云岩寺塔出土

图2－7：2银鎏金镂花包边楠木经箱底部墨书"手工镂花"

24 方以智《物理小识》卷七"锌药"条云锌药乃"以硼砂合铜为之；若以胡桐汁合银，坚如石"。胡桐汁又名胡桐泪，即胡桐树脂。《汉书》卷九六《西域传上》曰鄯善国多胡桐，颜注胡桐泪"可以汗金银也，今工匠皆用之"。釬即锌，亦即焊。《广韵》："釬金银令相著。"

25 柳淑兰《中国首饰》，页 41，轻工业出版社一九八九年。

26 唐克美等《金银细金工艺和景泰蓝》，页 102，大象出版社二〇〇四年。

"锌药"，"铭银"，"錾凿，钑镂，镀金，贴金，光洗，坯模，样度"。某些语汇虽未必专指金银打造，但金银制作必会用到则是可以推定的。蓬砂，即硼砂，是焊药的添加成分之一 [24]，它一方面起到助熔的作用，很好的催化剂；一方面又可以使焊药流化得均匀 [25]。组织攒造之工的精细是宋元金银首饰制作的重要特点之一，这里列出的焊药、黏缀，自然是工艺中最常用到的名称。前举《碎金·艺业篇》"材料"一项有"黏缀"，则"蓬砂"、"锌药"自是粘缀所用。"铭银"，此指把银掐成丝，然后嵌入其他金属活中，元代最常见的是铁活，时称"减银"。"光洗"，当指抛光，自然也是金银制作的必要工序。

关于工具，天理本《碎金·工具篇》一项所列有"炉花夹，起草刀，镞刀"，"作床"。作床，与《朴通事谚解·下》关于打制银器对话中的"铁枕"应是一类。夹，钳子。起草刀的用途或即现代细金工艺中用到的"勾"法。《金银细金工艺和景泰蓝》云："勾是錾刻的基础方法，即在素胎上用各种弯度的'勾錾'，勾勒出基本图样。" [26] 镞刀，则镂空也，或即今之所谓"脱錾"，应是"镞镂"所用。

镶嵌之风未兴之时，金银首饰只是单色的，但它本身却有着精光闪耀之优长，充分利用金银的延展性，以轻薄之材打作浮雕式的立体画面，增加明暗对比，自然有极好的效果。锤鍱亦即打作的工艺，自唐以来中土工匠即已熟练施用于金银器，至宋元而把它发挥到极致。可以说，本来意义的所谓"浮雕"，宋元金银首饰的制作几乎是不用的，它只以打作的运用之妙，——或正面加工之"采"，或背面加工之"台"，而使得纹饰显出浮雕的效果。传统的联珠纹也常常是打作而成，小到粟粒一般的纤细的边框装饰，大到双层空心式联珠镯（宋元俗写作"连珠镯"），用打作的办法都可以极尽其妙。

"像生"是宋元金银首饰纹样的特色之一。它在其他材质的工艺品制作中已有悠久的历史，比如玉器、陶器等，虽然这一名称的流行要到宋代。可以算作首饰一类的佩饰辽代多有琥珀"像生"，比如辽陈国公主墓出土的一批。它也很被宋人看好。《百宝总珍集》卷五"香珀"条说香珀"或彫刻事件压口、像生花朵之属，今时好价例"。所谓"事件压口"，即事件儿上边系连各个小件的花题，常见的有倒垂莲，下覆的荷叶。金银首饰也有"像生"花朵和事件压口，此外则用于构成一幅立体纹样的各个小件。与"镂鍱"亦即平面的花片不同，组织为立体纹样的"像生"是打造出来的半立体的装饰小件，如半个瓜，半个桃，半个石榴，又荷花之半，鸳鸯之半，之后再分别粘缀到图案上边的相应位置，看去亦如浮雕一般。第一章所举津市窖藏中的金瓜果如意簪，又临澧新合窖藏的金满池娇荷叶簪，都是很典型的例子。穿结的办法宋元、特别是元代金银首饰中也常常用到，如簪脚或钗脚与簪首、钗首的系结，耳环脚与耳环的系结。很见巧思的设计是把用作系结的细丝由后穿向前，然后挽作与纹饰正好配搭的花式，比如瓜蔓，比如花须（图2—8）。

累丝、金银珠焊缀的工艺常常是与镶嵌配合使用，此在宋元金银首饰的制作中也是用到的，但与其他品类相比，数量不算很多。南京幕府山宋墓出土金累丝镶宝梳背[27]（图2—9），又湖南临澧新合窖藏中的一件金累丝蝶赶菊纹耳环可以为例。后者的做法，是先用金片做出大边丝以围出整个图案的边墙，然后再掐出图案中粉蝶、菊花、桃花、

27 南京市博物馆《南宋幕府山宋墓清理简报》，图版三:2，《文物》一九八二年第三期。本书照片承南京市博物馆提供。

图 2 — 8 金蝶赶菊纹
耳环 湖南澧县出土

图 2 — 9 金累丝镶宝
梳背 南京幕府山宋墓
出土

荔枝等各个花式的边框亦即拱丝边，菊花花心做出石碗（嵌
物已失），继用撮好的花丝在边墙及纹样边框内填拱丝，用
卷草纹填出地子，复于墙、框上缘"黏缀"亦即焊金珠。
另外打造一个半圆，其表也"黏缀"金珠以成荔枝之形。
最后用焊粉攒焊，即把以上用各种方法制成的纹样攒接在
一起（图 2 — 10）。

至于《碎金》中列出的“镀金”一项，实为上古以来传统的鎏金，它的制作工艺不同于现代的“镀金”，即用电解法在器物表面镀一层薄金，而是把经过熔炼后形成的金汞合剂涂抹在银器之表，经炭火烘烤，汞遇热蒸发，金于是附着在银器表层[28]。

总之，《碎金》中列出的像生，黏缀，镞镂，雕錾，錾凿，钑镂，镀金，是宋元金银首饰中最常使用的几项工艺，也因此形成它的样式和风格特色。前节引《新编事文类要启劄青钱·续集》卷九《荐导术艺简劄》说到“银匠厶人团造镂巧精细”，又陶裔故事说他“组织为副珈步摇花鬘璎珞之饰，其功甚微妙”，二者不仅可以互为诠释，且元之承宋，由此亦得窥见消息。

28 赵振茂《金银铜器的传统修复技术》，页64，《故宫博物院院刊》一九九四年第三期。

图 2 — 10 金累丝蝶赶菊耳环 湖南临澧新合元代金银器窖藏

· 附论 ·

掬水月在手，弄花香满衣
——一个装饰纹样的传播史

小引

二〇一〇年初春，深圳博物馆举办了一个展览，题作"精彩——金元红绿彩瓷器中的神祇与世相"，中有一件金代红绿彩诗文碗，碗心的菱花开光里以红彩书唐诗一联："掬水月在手，弄花香满衣。"[1]（图3—1）展品说明揭示诗句来源为唐于良史的《春山夜月》。它使人想到一个与此相类的例子，即河南延津沙门古黄河渡口城址出土的一件白瓷碗，碗心墨书相同的诗句。沙门城址的年代为宋金元时期[2]（图3—2）。有意思的是，周密《云烟过眼录》卷上记王子庆藏书画，中有宋哲宗所书便面，其辞亦为"掬水月在手，弄花香满衣"。

于良史不是名诗人，《春山夜月》亦非唐诗中的名篇，以诗文为装饰的陶瓷器皿也并不鲜见，然而此器的独特之处，却在于这一装饰纹样系连了从诗歌到图画以及由士人

1 此器时代约当十三世纪。深圳博物馆等《精彩——金元红绿彩瓷器中的神祇与世相》，图一〇四，文物出版社二〇〇九年。
2 国家文物局《2007中国重要考古发现》，页158，文物出版社二〇〇八年。

图 3 — 1 红绿彩瓷碗
望野博物馆藏

图 3 — 2 白瓷碗碗心
墨书 河南延津沙门古
黄河渡口城址出土

而民间而宫廷的一个完整有绪的传播史，因此我们不能不对它特存关注。

一 、"掬水月在手"：从诗歌到图画

宋计有功《唐诗纪事》卷四十三录于良史诗三首，《春山夜月》即其一。诗云："春山多胜事，赏玩夜忘归。掬水月在手，弄花香满衣。兴来无远近，欲去惜芳菲。南望鸣钟处，楼台深翠微"[3]。一副纪实笔墨，写出幽境中的欢欣和意趣。其中"掬水月在手，弄花香满衣"一联也是白描一般的实录，却以诗句的有景有情使得月色下的清游成为故事而进入装饰艺术。

作为装饰纹样，它起始便是与诗歌挽手同行，亦自随着诗歌的演变而展现自己的生命力。

且来看诗歌。生活于南北宋之交的女诗人朱淑真有《掬水月在手》和《弄花香满衣》各一首，乃是分题吟咏。掬月一首云："无事江头弄碧波，分明掌上见嫦娥。不知李谪仙人在，曾向江头捉得么。[4]"弄花一首云："艳红影里撷芳回，沾惹春风两袖归。夹路露桃浑欲笑，不禁蜂蝶绕人飞。"它从《春山夜月》中拈出诗题，而所咏已经与原作无多关联。

同样的诗题进入元曲，不仅风格，情境也是一变，如马致远所作套数〔仙吕·赏花时〕之《掬水月在手》与《弄花香满衣》二题[5]。前题曰："古镜当天秋正磨，玉露瀼瀼寒渐多。星斗灿银河。泉澄潦尽仙桂影婆娑。〔么〕不觉楼头二鼓过，慢撒金莲鸣玉珂。离香阁近花科。丫鬟唤我，渴睡也去来呵。〔赚煞〕紧相催，闲笃磨。快道与茶茶嬷嬷。宝鉴妆奁准备着，就这月华明乘兴梳裹。喜无那，非是咱

3 宋孔延之《会稽掇英总集》卷八录此诗，题作《宿天衣寺》。

4 诗前所冠《杂题》述其作意曰："幼年闻说，有一人鬻文于京师辟雍之前，多士遂令作一绝，以《掬水月在手》为题，客不思而书云：'无事江头弄碧波，分明掌上见姮娥。'诸公遂止之，敛金以赒其行。予喜此二句，恨不记全篇。因暇，漫吟续之。然翰墨文章之能，非妇人女子之事，性之所好，情之所钟，不觉自鸣尔，因成《弄花香满衣》一绝于后"。

5 隋树森《全元散曲》，页 255 ~ 256，中华书局一九六四年。

风魔。伸玉指盆池内蘸绿波。刚绰起半撮，小梅香也歇和，
分明掌上见嫦娥。"昔日旧题在这里以清鲜流丽之辞铺陈为
故事，并且有了情节，玩月者变身为闺秀，场景则是秋夜，
且是庭园中的以盆掬影[6]，月中女仙与世间佳人遂在天边水
中二而一，一而二，似幻似真，以是绘月绘人，敷色传声，
一幅美人玩月图已是呼之欲出。

　　而果然有了以此为题材的图画。明谢承举《掬水月在
手画屏》："院凉夜彩流金蟾，海空秋华开素奁。含情欲共
嫦娥语，画檐钩上真珠帘。姮娥住老广寒殿，金树银花四
遮面。痴情苦思招不来，千古万古谁能见。铜盆一掬太液清，
金蟾堕水秋分明。两轮上下互相荡，团团似爱纤纤擎。阴
精含胎未分剖，白兔弃丹将遁走。水华璧影一规中，却入
人间艳姝手。艳姝弄月还伤情，屈指圆缺频送迎。幽闺秋
冷夜光静，千里有人关塞行。""艳姝弄月"云云，系诗人
生感，画图似未传达此情。由诗中所咏，可以知道屏风画
里的几个主要情节：一是秋夜晴空的一轮满月，一是映月
的水盆，一是纤纤素手向盆中掬水捧月的美人。

　　诗人笔下的画图似乎不传，但同类题材的画作却不止
一件。台北故宫博物院藏一幅《浣月图》，图绘秋花盛开的
庭院一角，假山石上有引流吐水的龙头，下接坐在矮石台
上的一个方鉴，鉴旁的一位女子簪花满头，腕着金缠钏，
双手捧出映在水中的一轮圆月（图3—3）。此图旧传为五
代之作，但以画风论，似在两宋之间。又上海博物馆藏一
幅明无款《金盆捞月图》，所绘场景与《浣月图》相似，庭
院里也有山石、雕栏，却又是芙蓉、山茶、桃实、菊花等
四季花果。梧桐树下的雕栏之畔，主仆五人。侍儿捧书者一，
捧盆者一，又一人在桌旁备香。主人之一坐绣墩，手持纨扇，

6 以盆水掬月已见唐王
建《和元郎中从八月
十一至十五夜玩月五
首》之四"月似圆来色
渐凝，玉盆盛水欲侵
棱"。

图 3 — 3《浣月图》局
部 台北故宫博物院藏

又一人伸手向盆中掬水，而一丸明月恰在掌中（图 3 — 4）。所谓"院凉夜彩流金蟾，海空秋华开素奁"，"铜盆一掬太液清，金蟾堕水秋分明"，"水华璧影一规中，却入人间艳姝手"，情景与诗中所咏一般无二。两幅画作的命名不知出自何人，不过依诗中所咏，"浣月"、"捞月"皆未如"掬月"近情，因此合乎画旨的命名应该是"掬水月在手诗意图"。

从诗歌到图画，虽然一个不变的情节是"掬水月在手"，然而在唐人是乘兴，元明则已成故事，即有了规定情景。《掬水月在手画屏》特别点出"海空秋华开素奁"、"金蟾堕水秋分明"，那么原初偶然际会的"春山夜月"，此际已成金秋玩月，更有了一个重要的改变是它独属于女子。

女子的首饰于是也移植图画而用作装饰纹样，如出自湖南株洲攸县丫江桥元代金银器窖藏的一支金银脚簪。金簪簪首绕图一周是枝叶纷披的朵朵菊花，花丛间一个山石座，座上一个金盆。略略俯身的一位女子覆云肩，着披帛，腕戴缠钏，双手伸向金盆。这是在方寸大小的一枚金片上用镌镂和打造的办法作出有凹凸效果的图案，若干小件以另外的小金片打造成形，再焊接到图案中的相应位置，如金盆，如缭绕着的菊花细梗，如仕女的上半身。末于金簪首的背面再焊一支银簪脚（图 3 — 5）。以《浣月图》为参照，丫江桥金簪的取材得自当时流传的"掬水月在手"诗意图也很显然，女子金盆掬月的身姿，甚至手腕上的金缠钏竟也是相同的。受造型和尺寸大小的限制，金簪图案只能截取图画的一角场景，却是它的核心情节，或者说是图式的关键要素，即映月的水盆和掬月佳人。图案用遍开的菊花布景，也是意在点明时令而表现闺中玩月的情景。

作为金银首饰的装饰纹样，明代仍有这一图式的延续，

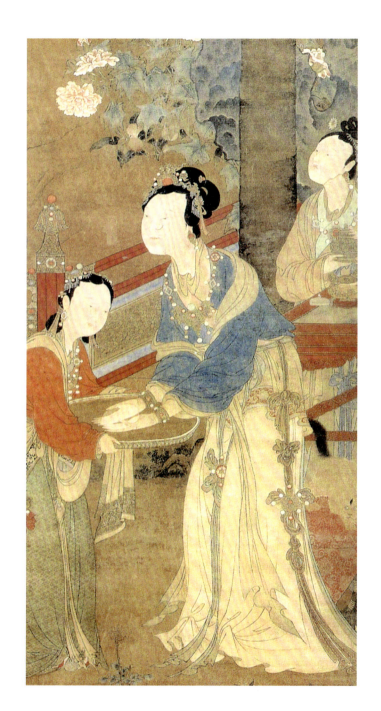

图 3 — 4《金盆捞月图》
局部 上海博物馆藏

图 3 — 5 金掬水月在手
图银脚簪 株洲攸县丫
江桥元代金银器窖藏

7 此系武进博物馆展厅所见，照片承武进博物馆提供。

如江苏武进前黄明墓出土的一支金簪[7]（图3－6）。不仅簪首图案布局与元代金簪一致，并且细节的安排，如金盆和山石座，女子妆束和抬头望月的身姿、旁边捧巾的侍儿以及图案上方的点缀花朵，也俱与明人《金盆捞月图》相仿。它的延续，其实是与绘画以及同时代其他工艺品纹样的延续同步的。

图3－6 金玩月图簪
武进前黄明墓出土

8 唐圭璋《全宋词》，册五，页3829～3830，中华书局一九六五年。
9 两集中又有司空图"棋声花院闭"，魏野"洗砚鱼吞墨"、"烹茶鹤避烟"，等等，其性质是相同的（北京大学古文献研究所《全宋诗》，册五九，页37340～37341；册五八，页36508～36509，北京大学出版社一九九八年）。

二、从省题诗到美人图

前节提到，"掬水月在手"之外，"弄花香满衣"也早以分题吟咏的形式出现在朱淑真笔下。宋代词调名中又有"爱月夜眠迟慢"、"惜花春起早慢"[8]，词意与调名一致。而"掬水月在手"、"弄花香满衣"、"惜花春起早"、"爱月夜眠迟"，在南宋均作为诗题而纳入省题诗的练习之作，南宋林希逸《竹溪鬳斋十一稿续集》"省题诗"两卷，又刘克庄《后村先生大全集》卷二八，都收有这四个诗题[9]，那么它在当日是颇为人所熟知的。

与此情形相应的是诗句作为日常生活器用的装饰纹样以及它的迅速传播。峰峰矿区文保所藏金代磁州窑枕，枕面书"惜花春起早，爱月夜眠迟"（图3-7：1）。镇江博物馆藏一件宋金时代的红绿彩瓷碗，碗心书诗以为装饰，所存完整之句为"爱月夜眠迟"，另一句残存一个"起"[10]（图3－7：2）。今推测此句当为"惜花春起早"。由开篇所举以"掬水月在手，弄花香满衣"为饰的两件时代相同的红绿彩诗文碗，可知这一组四题在宋金时代已经构成组合而进入装饰艺术。清陈焯《宋元诗会》卷一○○录元郑奎妻《掬水月在手》、《弄花香满衣》、《惜花春起早》、《爱月夜眠迟》四诗，大约是最早把这四个题目拈出来凑成一组，而

10 王兴《磁州窑诗词》，页42，天津古籍出版社二〇〇四年；王书敏等《镇江出土的河南窑口瓷器》，页216，图三：2，《中国古陶瓷研究》第七辑，紫禁城出版社二〇〇一年。

3-7：1磁州窑枕 河北峰峰矿区文保所藏

图3－7：2红绿彩瓷碗残片 镇江博物馆藏

11 同卷又有作者的《春词》《夏词》《秋词》《冬词》四首写闺中四时，亦可见意。

12 元曾瑞所作散曲有"惜花春起早"一题，所咏亦为闺阁情景："春鸡梦断云屏夜，银烛短篆烟斜，朱帘卷起梨花月。酒晕颊，人乍怯，风儿劣。　绿映红遮，似锦障周折。金沙软软睡鸳鸯，杨柳晴暗杜宇，牡丹暖宿胡蝶。花枝蹀躞，花影重叠。木香洞薰兰麝，荼蘼架飘玉雪，苍苔径绣纹缬。　秋千月外月儿斜，西楼畔鸟声歇，海棠丝穿透露珠儿趷。宿酒禁持人困也，东风寒似夜来些。"《全元散曲》，页480～481。

13 全曲见本文后引。按此收在明郭勋编《雍熙乐府》卷一五，不注出处。据隋树森《雍熙乐府曲文作者考》（页175，书目文献出版社一九八五年），知作者为陈大声，四题均见陈氏所著《月香亭稿》，题作"题情"，共七首；又见《秋碧乐府》。陈铎，字大声。约生于正统之末，卒于嘉靖之初，详考见郑骞《陈铎（大声）及其词曲》，页249，《景午丛编·下集》，中华书局（台湾）一九七二年。

专咏闺阁故事[11]，旧题于是在此新的组合中改变了性质，而向着另外的一途继续发展。马东篱《弄花香满衣》："丽日迟迟帘影筛，燕子来时花正开。闲绣阁冷妆台，兜鞋信步，后园里遣闷怀。〔么〕万紫千红妖弄色，娇态难禁风力摆。时乱点尘埃，见秋千挂起，芳草上层阶。〔赚煞〕猛观绝，宜簪带。行不顾香泥绿苔，晓露未晞移绣鞋。爱寻香频把身挨。喜盈腮，折得向怀揣。就手内游蜂斗争采，不离人左侧。风流可爱，贴春衫又引得个粉蝶儿来。"郑奎妻《弄花香满衣》："鹊声响处东风急，红紫丛边久凝立。素手攀条恐刺伤，金莲移步嫌苔湿。幽芳撷罢掩兰堂，馥郁余香满绣床。蜂蝶纷纷入帘户，飞来飞去绕衣裳。"曲与诗情景和意象颇多相似，而前者俊爽，后者蕴藉，都能曲尽闺秀之情[12]。此风且远被于明代。明陈铎南曲小令有《掬水月在手》《弄花香满衣》《摘花春起早》《爱月夜眠迟》一组四题，自是遥承前人之意[13]。其中"惜"易作"摘"，也许是为了意思更为醒豁。

如同"掬水月在手"，"弄花"、"爱月"与"惜花"也有意境，有情思，有"颜色"，而宜入丹青。赵孟頫有《玩花仕女图》，或以为系为管夫人写照，徐安生曾仿其意作《惜花春起早》[14]。王士禛《香祖笔记》提到的元人作《士女惜花图》，亦《惜花春起早》诗意[15]。又瞿佑《乐府遗音》中有《南乡子·爱月夜眠迟画为王傑题》《南柯子·掬水月在手画为王傑题》二首。传世绘画似未见出自文人画家的同题作品，不过上海博物馆藏唐寅一幅《牡丹仕女图》，虽然只是美人拈花玉立，空无背景，但由上方自题"牡丹庭院又春深，一寸光阴万两金。拂曙起来人不解，只缘难放惜花心"（图3—8），可知画意是从"惜花春起早"翻出。

牡丹庭院又春深一寸

光阴两金拂曙起来

人解只缘难放惜花心

唐寅

14 明汪砢玉《珊瑚网·名画题跋》卷八"赵鸥波玩花仕女图"云："是图为项又新家物，董玄宰尝共余过之，时悬画于读易堂之松轩。玄宰玩赏不已，曰：'似此光景，应为管夫人写照耳。'闻松女徐安生曾仿其意作《惜花春起早》。……余亟觅之，不得。无何又新物故，所藏多散逸，余得其书画数十种，赵笔其一焉。红亭翠筱间高峰兀立，姚黄魏紫参差其下，玩花人正与徐娘当年所写惜花人相若。"

15《香祖笔记》卷十二曰"赵甥执端以元人画二轴索题"，"其一《士女惜花图》，丛花片石。予昔藏江上女子周禧画《惜花春起早》一帧，似是临摹此画"。按周禧画事，见《居易录》卷十八。

图3—8 唐寅《牡丹仕女图》上海博物馆藏

16 顾嗣立《元诗选·初集》，页 1690，中华书局一九八七年。

17 本文照片承林健先生帮助拍摄并惠赐，谨深致谢忱。此器曾发表于杨玉敏《常州博物馆藏龙泉窑瓷器研究》一文，见《东南文化》二〇〇二年第七期，页 88；图四（系一模糊不清的黑白照片）。文曰该碗"腹部为模印四仕女图，间以'异花春起早'、'春花香满衣'、'掬水月在手'、'爱月夜眠迟'四诗句文，碗内心印一个'旺'字。外壁口沿处饰一周回纹，腹部随意刻划草枝纹"，并据以认为，"以吉祥语作装饰是明代龙泉窑器典型的装饰手法"。又浙江省轻工业厅等《龙泉青瓷》（文物出版社一九六六年）图六八"印花人物故事纹碗"图版说明云，这一类印花碗中"比较少见的为'爱月夜眠迟'、'惜花春起早'、'养花香满衣'、'掬水月在手'等五言句，字旁各立仕女"（图版亦为模糊一片的黑白照片）。按"异花"系"弄花"的释读之误；"养花"似亦如是。

绘画之外，尚有剪纸。元岑安卿《题张彦明所藏剪纸〈惜花春起早图〉》句云"谁将妙意寄工巧，溪藤雪莹金刀小。丹青退舍松煤枯，剪出天真数分秒。荃熙倾轧空自夸，惟竞时人颜色好。无声有声两相副，此景此诗均压倒"[16]。荃，西蜀黄荃；熙，南唐徐熙。曰"溪藤雪莹"，那么是用白纸剪出图案；曰"惟竞时人"，可知这是当日绘画中的流行题材。所谓"无声有声两相副"，则点明此乃一幅诗意图。

与居室格局的变化相应，至于明代，四个诗题又演变为一组四幅的四时美人图而用作条屏。如《金瓶梅》第五十九回写爱月儿房间里的一番布置，道"明间内供养着一轴海潮观音，两旁挂四轴美人，按春夏秋冬：惜花春起早，爱月夜眠迟，掬水月在手，弄花香满衣；上面挂着一联：卷帘邀月入，谐瑟待云来"。

以《掬》《摘》《惜》《爱》为题的绘画、剪纸俱不传，但此一组四题的美人图却可以从明代瓷器的装饰图案中找到踪迹。最为明确的一个例子，便是常州博物馆藏明龙泉窑青瓷大碗（图 3 — 9 — 1）。碗高 10.2 厘米，口径 17.8 厘米，碗心模印四美人，其左侧为诗句，如此两两为对依次排列。美人之一为盆中掬月，一侧是祥云上方涌出的月轮，旁题"掬水月在手"（图 3 — 9 — 2）。美人之二为步月焚香，旁题"爱月夜眠迟"（图 3 — 9 — 3）。美人之三手拈花枝，其侧一个花盆，盆中亭亭秀出莲花一茎，旁题"弄花香满衣"（图 3 — 9 — 4）。美人之四立于花鉴旁边，手抚鉴中伸展枝叶的一株牡丹，旁题"惜花春起早"[17]（图 3 — 9 — 5）。可知它是提取了图式中带有标志性的一两个构图因素，而略去了其他场景，以此集中表现原本分作四幅的一组诗意图。又上海黄浦区求知中学明墓出土一件"青瓷侍女弄花碗"，碗心

1 碗

2 碗心图案：掬水月在手

3 碗心图案：爱月夜眠迟

4 碗心图案：弄花香满衣

5 碗心图案：惜花春起早

图 3—9 明龙泉窑诗意图碗

18 何继英《上海明墓》，页 158，彩版一〇五：4，文物出版社二〇〇九年。作者对碗心图案描述道："内壁人物图案为一组侍女弄花图，分为四组。一组题字为'起早惜花春'，一妇人在观看一盆盛开的牡丹花；一组为'薄衣弄花香'，一侍女手拿一枝含苞待放的花苞，双目注视着一盆盛开的莲花；一组为'在手掬水月'，月亮升到云彩上，侍女仍在给花浇水；一组为'眠迟爱月夜'，天很晚了，侍女仍在灯下赏花。四组间饰杂宝等。高十厘米，口径十七点五厘米，底径四厘米。"

图 3 — 10 青瓷碗　上海黄浦区求知中学明墓出土

19 汤苏婴《浙江省博物馆典藏大系·窑火遗韵》，页 93，左下图，浙江古籍出版社二〇〇九年。

图 3 — 11 明龙泉窑大碗残片 浙江省博物馆藏

图案与常州博物馆藏龙泉窑大碗的图案似乎完全相同，只是发掘报告没有刊发全形图片，四句题画诗则被读作"起早惜花春"、"薄衣弄花香"、"在手掬水月"、"眠迟爱月夜"[18]（图 3 — 10）。由前例可知，"薄衣"之薄，必是一个"满"字，四句自当是惜花春起早、弄花香满衣、掬水月在手、爱月夜眠迟。此外尚有浙江省博物馆藏一件明龙泉窑青瓷大碗残片，以所存"手"、"衣"、"迟"、"早"四个完整的字样，可见它的图案布局与前两例相同（图 3 — 11）[19]。

以此为依据，我们不难找出同一题材的其他实例，即便图案没有榜题。如《元代瓷器》著录一件私人藏"龙泉窑青釉人物罐"，刊发出来的罐面图案为掬水月在手图自无疑问；此图旁侧微露一架兰花盆和拈花仕女之半面，那么便应是另一画面的"弄花香满衣"[20]（图3—12）。它的时代被定为元，但就构图和风格来看，应是明代物。

图3—12 龙泉窑掬水月在手图罐 私人藏

在明代瓷器装饰图案中，尚可以发现更多的例子。

湖北钟祥梁庄王墓出土一件"青花瑶台赏月图锺"[21]（图3—13），故宫博物院藏一件宣德款"青花人物高足碗"[22]（图3—14），又台北故宫博物院藏纹样一致的宣德款"青花庭园仕女图碗"、宣德款"青花庭园仕女图盘"各一件[23]。梁庄王墓墓葬年代为正统六年。故宫藏宣德款青花瓷器原是宫廷用器，而梁庄王墓出土的青花锺无论尺寸、样式和装饰图案都与它相同，惟无款识。按照当日的俗称，两器均

20 叶佩兰《元代瓷器》，图四四五B，九洲图书出版社一九九八年。

21 器高10.1厘米，口径15.5厘米。湖北省文物考古研究所等《梁庄王墓》，页83、图一〇六，彩版八八，文物出版社二〇〇七年。图版说明曰："外壁的三组人物故事：第一组有人物四人，其中一位似系老妇，侧身坐在石墩上，身后站一丫环，双手持扇；面对老妇站立一位年纪轻轻的女子，其右边侧立一童子（或丫环）。此组画面的地上前有草，两侧各有一假山、松树或芙蓉树，后有砖砌曲垣，天上有云和月亮。第二、三组各有一位青年女子和一名丫环，其位置前后恰恰相反。第二、三组画面的地上，前有花草，后有连通栏杆；其天上，第二组为流云，第三组为远山。"

22 器高10.2厘米，口径15.5厘米。耿宝昌《故宫博物院藏明初青花瓷》，图一五八，紫禁城出版社二〇〇二年。

23 《〔台北〕故宫藏瓷大系·宣德之部·上》，图一八、图八六，（台北）故宫二〇〇〇年。

图 3 — 13 青花掬水月在手图锺 湖北钟祥梁庄王墓出土

图 3 — 14 宣德款青花掬水月在手图高足碗（锺）故宫藏

可名作"锺"或"靶锺"[24]。几件器物装饰纹样的主图在被
著录的各书中命名及对场景的形容都不一致，其实图案是
一样的，当然也是出自一个共同的粉本。

　　以台北故宫博物院藏青花碗为例。碗高 6.9 厘米，口
径 19.4 厘米。外壁装饰纹样以器型的需要而成环形展开式
构图。几曲雕栏拢作半圆，月台的阶条石勾出另外半边的
轮廓与雕栏相接，由转角处露出的斗板石可见其高。三组
山石花木之间为主仆成对的两组人物，瑶台赏月、玩月为
一组，雕栏旁边折枝嗅花、提瓶浇花为一组。一边远景为
一带青山，相对的另一边为几朵流云，流云开处一轮满月。
明月清辉之下，是山石旁边、梧桐树下以盆水揽月的主仆
二人，树后几朵轻云瀹起，仿佛将与天边流云相接，庭中
佳人便藉此一泓清水而"含情欲共嫦娥语"（图 3 — 15）。
不必说，其装饰图案的粉本是"掬水月在手"诗意图，并
且很大可能是出自宫廷画院[25]，而把"弄花"情节也添绘
于此以丰满画面。就此场景来说，也不妨把它看作"掬水
月在手，弄花香满衣"红绿彩碗的绘图版，虽然同时烧造

24 与青花锺同出者有
银鎏金盏托一，银鎏金
盖一，而另一组银鎏金
托青花盖锺的金盖有铭
曰："承奉司正统二年造
金锺盖四两九钱。"（《梁
庄王墓》，页 79）报告
因将式样相同的这两件
青花器定名为"锺"。按
这一种足之上下大体等
粗的高脚杯，明代也称
作"靶锺"或"靶杯"。
如高濂《遵生八笺》卷
一四《论饶器新窑、古
窑》中举出的"龙松梅
茶靶杯、人物海兽酒靶
杯"。

25 王士性《广志绎》卷
四："宣窑五彩堆垛深
厚，而成窑用色浅淡，
颇成画意，故宣不及成。
然二窑皆当时殿中画院
人遗画也。"

图 3 — 15 宣德款青花
掬水月在手图盘 台北
故宫博物院藏

的一批青花瓷器中另有把全器布置为"弄花香满衣"的图案。

又《明代民窑青花》著录一件私人藏宣德至正统时期的"青花仕女纹梅瓶"[26]，瓶腹一周绘小院秋景，莲花宝珠望柱相连的几曲画栏，山石点缀其间，石畔植松，植竹，又秋菊一丛花开烂漫。栏边一个山石座，座上一具六出花口的圈足盆，当空一大朵祥云捧出一轮皓月，正落在佳人掌中。旁有侍儿捧巾，是另外添出的一个情节（图3—16）。《雍熙乐府》卷九〔南吕·一枝花〕《掬水月在手》句云，"风轻银汉清，云敛瑶天静。……长空月正明，照乾坤皓魄澄澄，遍宇宙清光耿耿"；"金井畔梧桐弄影，绿窗前翠竹无声。玉盆注水安中正，轻挽罗袖，掬水春葱，捧擎宝镜。玩弄寒冰，定睛观有影无形，剔团圞能破能成"。又同书卷一五明陈铎南曲小令〔驻云飞〕《掬水月在手》："月色荧光，

26　穆青等《明代民窑青花》，图一，河北人民出版社二〇〇年。著录者说它"主题纹饰是一幅优美的人物故事图案：幽静的庭院中，一位衣衫华丽的贵妇正在用净水洗手"，"'焚香祷月'是流行于明代妇女中的一种习俗，作者没有去正面描写拜月的场景，而是抓取焚香前用净水洗手的情节，准确地刻画出祈祷者虔诚的心态，反映了广大妇女渴望婚姻美满、幸福吉祥的美好愿望"。见该书页9。

图3—8青花掬水月在手图长瓶 私人藏

露滴梧桐秋夜凉。浅浅银波漾，高捧花台放。嗦，盆内玉
纤长，弄蟾光。十指才舒，宝鉴来掌上，恰似嫦娥对镜妆"[27]。
"无声诗"与"有声画"正是相得益彰。而此器自当名作青
花掬水月在手图长瓶。

　　前举台北故宫博物院藏宣德款青花掬水月在手图碗，
又款识与纹样相同的青花盘，都不是单独的一件，而是尺
寸大小与纹样安排基本相同的各一组。故宫也藏有与之相
同的若干件，是均为明代宫廷用器，并且为同时烧造的一批。
如果把已经讨论的青花碗作为之一，那么现在可以来看青
花碗之二[28]。碗高6.7厘米，口径19.6厘米。外壁绘庭院一区，
院中山石玲珑，春花含露，新桃间翠竹，爱花人徜徉于花
间石畔，地上几朵落英点出惜花心情。晓雾微蒙处绣阁开启，
双鬟捧香奁立于阶除，以见起早之意（图3—17）。依仿

27 明郭勋编，《四部丛
刊续集》本。

28 《〔台北〕故宫藏瓷
大系·宣德之部·上》（见
注23），图八七。

图3—17宣德款青花
惜花春起早图碗 台北
故宫博物院藏

常州博物馆藏龙泉窑大碗的例子，这里不妨为它配以时调，比如与〔驻云飞〕《掬水月在手》同题的《惜花春起早》："早起因花，一夜狂风不住刮。恐伤蔷薇架，怕损荼蘼挂。嗏，推枕离床榻，自嗟呀。起整花丛，惊觉宿林雅（鸦），露湿凌波凉更滑。"

再看青花碗之三[29]。碗高 6.8 厘米，口径 19.5 厘米。外壁绘庭园景色，古松两株与两树秋桂相对，密叶繁枝，亭亭偃盖。花荫下、雕栏旁，佳人手拈桂花一枝与双鬟对语，三小鬟携琴、捧袂、持画随侍于园中。稍远处的轻云薄雾间隐现高阁一角（图 3 — 18）。——〔驻云飞〕《摘花香满衣》："花木芳菲，万紫千红似锦堆。采了栏边桂，又采篱边瑞。嗏，竹篮手中提，喜忘归。衣荡花枝，惹得馨香气，急（及）至回头日坠西。"

29《〔台北〕故宫藏瓷大系·宣德之部·上》（见注23），图八八。又同书图二一"宣德款青花三友庭园仕女图盘"外壁纹样图式与此碗相同。

图 3 — 18 宣德款青花摘花香满衣图碗 台北故宫博物院藏

又宣德款"青花三友仕女秉烛夜游图盘"一件[30]。盘心画框内装饰松竹梅。外壁绘庭院里芭蕉疏柳，桂树婆娑。天边明月如水，流云无声，佳人扶双鬟院中步月，前面一小鬟秉烛，又一小鬟持纨扇在后。蕉荫旁边画堂一所，内置榻而无人眠，以见爱月眠迟之意（图3—19）。——〔驻云飞〕《爱月夜迟眠》："爱月登楼，碾破银河碧汉流。皎洁明如昼，光射纱窗透。嗏，万里楚天秋，雾浮收。赏玩银蟾，不觉三更后，斗转星移尤未休。"

30《〔台北〕故宫藏瓷大系·宣德之部·上》（见注23），图二〇。按故宫藏有同样的一件，见故宫博物院《故宫藏传世瓷器真赝对比历代古窑址标本图录》，图九〇，紫禁城出版社一九九八年。

图3—19宣德款青花爱月夜迟眠图盘 台北故宫博物院藏

如是可知台北故宫博物院藏宣德款青花器中计有：掬水月在手图碗一、盘一；惜花春起早图碗一，摘花香满衣图碗一、盘一；爱月夜迟眠图盘一。而由前面举出的各种例证可以推定，同时烧造的这一批宫廷用器，《掬》、《摘》、《惜》、《爱》四图在碗和盘必然都是齐全的。

　　总之，《掬》、《弄》（或作《摘》）、《惜》、《爱》四题最初由并无关联的省题诗而为人熟知，自元以来却逐渐成为用来表现闺秀清兴的固定组合，——不论诗歌还是图画。虽然风格或有变化，又或寄意略有不同，但几个基本意象几乎是不变的。如《掬水月在手》中的天际明月，庭间秋菊、映月之盆和掬月佳人，又《摘花香满衣》中手拈花枝的形象。其他二题则因为没有如此特定的场景而可以更加布置灵活，如美国圣路易艺术馆藏一件出自禹州窑场的明白地黑花红绿彩人物图罐[31]。器腹四个莲瓣式开光，其中之一绘庭园画栏之侧一位依榻的佳人，旁侍双鬟抱持小儿（图3 — 20）。此即《惜花春起早》的另一个版本。前引元岑安卿《题张彦明所藏剪纸〈惜花春起早图〉》，开篇述其构图曰"流苏帐卷春寒轻，纱窗弄碧天微明。软红娇紫怯朝露，美人推枕心为惊。鬓云未挽香衾开，侍儿侧立肩婴孩。黄莺飞动花影乱，停梳睥睨犹相猜"，可知这一件瓷罐的图案自有所本，不过减少若干构图元素而已。

31 郭学雷《明代磁州窑瓷器》，页58，文物出版社二〇〇五年。

图3 — 20明白地黑花红绿彩人物图罐 美国圣路易艺术馆藏

四题作为图式在以后的沿用中，尚有另外一种方式，便是从中选取若干表现元素组织为画面，而依然保持着原有的组合形式，如故宫藏明正德"青花庭园仕女图叠盒"[32]。盒分三重，中间两重的装饰纹样布置为四个单元（图 3 — 21）。这里却有我们十分熟悉的表现元素，即园中的步月、携琴，又拈花者、理妆者，于是可知它分别取自《爱月夜迟眠》、《摘花香满衣》、《惜花春起早》三题。惟《掬水月在手》一幅情节依然完整，与前举私人藏青花掬水月在手图长瓶相对看，二者图式的一致自可见得清楚。此一组四幅从《掬》、《摘》、《惜》、《爱》诗意图脱胎而出，当无疑义，但画面与诗题的联系似乎是松散的。这一演变过程正如同《十八学士图》的变化为"琴棋书画"，即把有着具体

32 耿宝昌等《故宫藏文物珍品大系·青花釉里红》（中），图五二，上海科学技术出版社二〇〇〇年。图版说明云："两层屉各绘仕女游于庭院之中，画面分别为赏花、焚香、品茗、携琴等。"

图 3 — 21 明青花庭园仕女图叠盒 故宫藏

内容和具体情节的故事，变为并无确指的一种生活方式或
曰生活情趣，此则以诗意图中久为人们所熟悉的艺术语汇
来表现闺秀风雅。这时候甚至可以说，欣赏者是否知道它
的出典已经不很重要了。

后来者于是笔锋一转，"掬水月在手"又成为女子的一
项优雅的修养。清初传奇小说集《女才子书》在卷首列出
美人之为美人的标准，如"一之容"，"二之韵"，"三之技"，
"四之事"，"五之居"等，凡十项，"掬水月在手"即"四
之事"中的一件。清顺治刊本《女才子书》中一幅《郑玉姬》
小像，便是"掬水月在手"传统图式的照搬，而此情此景，
原与故事情节毫无关联，那么它也正是选择了卷首列出的
美人标准之一而用来塑造形象[33]（图3－22）。

33 是书署"鸳湖烟水散
人"著。烟水散人即徐
震，字秋涛，秀水（今
浙江嘉兴）人。全书
十二卷，卷各叙一才女
故事，郑玉姬即其一。

图3－22《女才子
书·郑玉姬》清顺治
刊本

　　这一图式在清代宫廷中也依然延续不衰，不论绘画还是器皿装饰。活跃于康熙初年的宫廷画家焦秉贞有《仕女图册》八开[34]，其中"桂香濯月"一幅绘当空一轮明月，桂花树下的轩中美人双手探向身边的水盆，盆边立着捧巾的侍女（图3－23）。画旨自然是"掬水月在手"。又故宫

图3－23焦秉贞《仕女图册》之四 台北故宫博物院藏

[34]《故宫文物月刊丛书·1·名画荟珍》，页373，台北故宫博物院一九九二年。按照图版说明的命名，第一幅为柳院秋千，第二幅风雨微吟，第三幅莲舟晚泊，第四幅桂香濯月，第五幅梧阶夜雨，第六幅松阁笙歌，第七幅梅窗刺绣，第八幅秉烛敲棋。

35 耿宝昌等《故宫博物院藏文物珍品大系·青花釉里红》(下)，图六五，上海科学技术出版社等二〇〇〇年。图版说明曰："外壁通景青花绘《仕女游园图》，五位娇媚的仕女款款穿行于青松赤桂、鸟语花香的庭院之中，有的折桂相赠，有的抱琴相随，四周衬以远山祥云。"

36《中国古代闲章拾萃》，页158，江苏美术出版社一九八七年。夏翚，原名丕雄，字羽谷，号云山子、云山外史、砚田公，江苏昆山人。嘉庆道光间画家。

藏康熙款青花"仕女游园图碗"[35]（图 3 — 24），为清官窑仿明官窑之作，所谓"仕女游园图"，实则原样依仿前朝青花瓷器图案"弄花香满衣"。

尚有更晚的延伸。清代画家夏翚有一方闲章，印文作"掬水月在手"[36]（图 3 — 25），它是否为一幅仕女图而制呢，此诗由唐至清，不断游走于诗和画之间，为雅俗所共赏，而欣赏者喜其诗意，喜其故事，或者其他，都是可能

图 3 — 24 康熙款青花弄花香满衣图碗 故宫藏

图 3 — 25 印章 "掬水
月在手"

的。而在诗词剧曲与图画的相互依偎中，剧曲的传播作用
尤其不可轻觑。元杂剧《玉壶春》第四折，李斌斥责强占
素兰的山西富商甚舍，在〔双调新水令〕一曲中唱道 "量
你个野蜂儿怎调和蜂蜜，颓气了惜花春起早，拽塌了爱月
夜眠迟"[37]。《牡丹亭》第十二齣《寻梦》，杜丽娘有〔月儿
高〕一曲，句云 "几曲屏山展，残眉黛深浅。为甚衾儿里，
不住的柔肠转？这憔悴非关，爱月眠迟倦。可为惜花朝，
輮迷痴觑庭院"[38]？明杂剧《渭塘奇遇》更用它来写出酒家
女的风神态度。第一折正旦扮剧中主角，出场自报家门曰：
"妾身姓卢，小字玉香。年长一十八岁。幼承父母鞠养成人，
习成针指女工，及于文翰。我平昔最爱清致，俺父亲与我
盖一轩，名曰瞻翠轩，有玩器书画铺陈轩内。自小好吹玉
箫。我父开一酒馆，我若闲时，在帘下看来往者，着我悦
心释闷。俺在这渭塘店上，是好清幽自在也呵。……"接
着以〔混江龙〕一曲唱出 "我幼承家训，习成针指更通文。
则我这面堆红粉，髻挽乌云，每遍弄花香满衣，几回玩
月长精神"[39]。清朱佐朝《艳云亭》传奇《痴诉》一齣，
演述被迫装疯的萧惜芬向算命先生诸葛谐遮遮掩掩吐露身

37 《元曲选》，册二，页
487。

38 《汤显祖集》（原中华
书局版），页 1854，上海
人民出版社一九七三年。

39 王季烈《孤本元明杂
剧》，第四册，页 2，中
国戏剧出版社一九五八
年。

40《缀白裘·五集》卷三，页177，中华书局二〇〇五年。

世，其中唱道"小痴儿桌儿上有美羹甜，小痴儿架儿上有锦绣穿。小痴儿脂脂粉粉画容颜。小痴儿也曾惜花春早天，小痴儿也曾爱月夜迟眠。小痴儿也曾松筠兔管咏涛笺"[40]。可知与锦衣玉食、吟诗作赋并列的"惜花春早天"、"爱月夜迟眠"，也正是教伊人萦怀的赏心乐事之一。而《痴诉》原是此剧最常上演的折子戏，且改编为子弟书，并完整保留了"惜花"、"爱月"之句[41]。当然尚有必要提到，"惜花春起早，爱月夜眠迟"是进入蒙学书《增广贤文》的。

41 北京市民族古籍整理出版规划小组《清蒙古车王府藏子弟书》，页213，国际文化出版公司一九九四年。

在"闺情"的题目之下，历来以抒写男女之情者居其要，《掬》、《摘》、《惜》、《爱》四题却是不多的表现闺中清兴的一组，好像元散曲中流行的"四时行乐"而成为闺秀风流，吟咏的同时，又化身为各种装饰纹样，不仅流行数百年而不衰，且在流行过程中不断被注入新的生命，发展为图画，成熟为图式，在瓷器、金银器等工艺品中展现它的绰约风姿，由元而明，风行了不算短的一个时期。可以说，这也是不多的被写入画图且形成图式流传长久的一组。只是"无声"与"有声"的互为影响、互为渗透在走向程式化之后，二者遂又逐渐分离，诗意图中的诗意因此逐渐淡去，而仅存图式。此中意味于是久被封存，以至作为器皿装饰图案已不能为人们所认识。最为流行的掬水月在手图，竟多被今人误读[42]，未免深负古人。

42 惟谢玉珍《明初官方用器人物纹的意涵》正确指出台北故宫博物院藏"宣德款青花仕女碗"为"掬水月在手"诗意图（页100），《〔台北〕故宫学术季刊》第二十五卷第一期（二〇〇七年）。

分别以"掬水月在手，弄花香满衣"和"惜花春起早，爱月夜眠迟"为装饰的两件红绿彩碗，其发现是偶然的，却又"凑巧"由此揭示出由诗歌到图画的一个纹样传播史，则这里的"凑巧"，原有着它所关连的时代风气之必然。也因此这一条线索使我们有可能拼缀起曾经有过的生活图景，并发掘出把诗意凝定为各种造型艺术的才智和匠心。

索引

〔索引内容为第一章有所诠释之首饰类型
名称及第二章样制与工艺名称〕

后记

　　中国古代金银器研究，是我关注很久的题目。六年前，我曾写下有关首饰的一组文章，后收入《古诗文名物新证》一书。不过今天看来，不少问题那时尚只能算作初步的讨论。三年前有幸与湖南省博物馆合作课题《湖南宋元窖藏金银器发现与研究》，承蒙合作者的信任与支持，使我得以走访各地观摩数以千计的实物；又以莆田柯凤梅、北京张凡之助，得以走访两地的新旧作坊，仔细了解金银首饰的制作工艺。凡此种种，而使自己的认识提高了一步。数千里路程，数十位旧雨新朋，高情厚谊成为我努力研究、勉力写作的动力。

　　本书器物照片，卷一主要采自《湖南宋元窖藏金银器发现与研究》，此外多承各地博物馆提供，并惠允发表，而这正是成书的基础。那么在这一意义上，也可以说他们都是这一部书的合作者。他们是：湖南省博物馆、江西省博物馆、浙江省博物馆、广东省博物馆、甘肃省博物馆、镇江市博物馆、邵武市博物馆、南通博物苑、南京市博物馆、常州市博物馆、武进博物馆、余杭江南水乡博物馆、永嘉县文化馆、长沙市博物馆、武汉市博物馆、首都博物馆。

　　还有许多以不同方式给予我各种帮助的师友们，他们是：陈建明、萧湘、喻燕娇、谭远辉、胡丹、陈淑玮、栗建安、阮华端、陈浩、沈琼华、黎毓馨、郑嘉励、汤苏婴、何秋雨、顾幼静、蒋卫东、赵丰、万芳、王乐、吴高彬、林鞍钢、白宁、顾苏宁、严晓星、赵鹏、林健、林志方、刘丽文、梁柱、梁冠男、高继习、王武钰、武俊玲、裴亚静、李旻、袁旃、袁建、秦大树、袁泉、王筱芸、金良年、撄宁、蓝英年、吴岳添、陆建德、吴晓都、徐坚、朴康平、张保胜、李翎、唐吟方、徐俊、丰雷、王楠、陈平、李航。如果说本书确实为金银器研究做了一点工作，那么他们每一位都是在功劳簿中闪光的名字。

　　恩师和两位老友为本书各卷分别赐序，厚爱铭感，谨向此一研究领域之先进三致意焉。